LA SCIENCE DU QUOTIDIEN

LA SCIENCE DU QUOTIDIEN

JAY INGRAM

TRADUCTION DE ROBERT PARÉ

PRÉFACE DE YANICK VILLEDIEU

ÉDITIONS MULTIMONDES

Données de catalogage avant publication (Canada)

Ingram, Jay
La science du quotidien
Traduction de : The Science of Everyday Life.
Comprend des réf. bibliogr.
ISBN 2-921146-13-4
1. Sciences – Miscellanées. I. Titre.
Q173.15314 1992 500 C92-097157-1

Traduction : Robert Paré
Révision : Solange Deschênes
Design de la page couverture : David Wyman
Illustrations : Gordon Suave
Infographie : Emmanuel Gagnon

Première édition au Canada en 1989 par Penguin Books Canada Limited sous le titre *The Science of Everyday Life*.

Éditions MultiMondes inc.
845, Marie-Victorin
Saint-Nicolas (Québec) G0S 3L0
Tél. : (418) 831-0790
Téléc. : (418) 831-0009

Dépôt légal : 4e trimestre 1992
Bibliothèque nationale du Québec
Bibliothèque nationale du Canada
ISBN 2-921146-13-4

Distribution :
Medialiv inc.
539, boul. Lebeau
Saint-Laurent (Québec) H4N 1S2
Tél. : (514) 336-3941
Téléc. : (514) 331-3916

L'édition française de ce livre a été réalisée avec l'aide financière du gouvernement du Canada dans le cadre du programme Sciences et Culture Canada.

À Cinzia

Remerciements

Dans l'Angleterre de l'époque victorienne, quelques-uns des plus éminents scientifiques de l'heure prenaient le temps de donner des conférences publiques pour expliquer la science dans le monde du quotidien. Cela ne se fait plus. Même les scientifiques qui, aujourd'hui, passent à la télé ou à la radio ne se donnent pas la peine de consacrer beaucoup de temps aux choses courantes. Leur science, celle de la fin du XXe siècle, porte sur des forces et des objets qui dépassent, pour la plupart, notre entendement.

Notre ignorance de la science de tous les jours nous appauvrit. Il s'agit pourtant d'une façon commode d'aborder la science pour quiconque est rebuté par le sujet depuis le collégial. (La théorie quantique peut faire peur, mais pas les mécanismes qui nous font cligner des yeux.) Surtout, la vie devient plus intéressante quand on comprend mieux le monde qui nous entoure. Je vous garantis qu'une entrée d'asperges et un bâillement n'auront plus jamais la même signification quand vous en connaîtrez la portée scientifique.

Chaque sujet traité dans cet ouvrage est susceptible d'attirer votre attention dans les prochaines heures, les prochains jours ou les prochains mois. Ce livre sera un succès si, après l'avoir lu, vous regardez d'un autre œil les phénomènes qui y sont décrits, ou si vous leur portez une plus grande attention que d'habitude.

Je suis redevable à bon nombre de chercheurs qui ont pris de leur précieux temps pour me parler de leurs travaux et me fournir des documents dont la plupart auraient été impossibles à trouver autrement. Ce sont Stanley Coren, Maurice Hershenson, Irvin Rock, Julia Chase, John Provine et John Stern.

Il y a plusieurs années déjà que je suis convaincu que la science est beaucoup plus intéressante que ne le croit le public en général, mais c'est à d'autres que revient le crédit de m'avoir montré comment communiquer cette science de manière attrayante. Et j'apprends toujours. J'ai travaillé avec Joan Barberis à la diffusion d'un cours de biologie sur les ondes de CJRT-FM, à Toronto. Joan m'a amené à parler de la biologie de manière compréhensible. Sylvia Funston, directrice du magazine *Owl*, s'est démenée pendant des années pour traduire mes idées d'articles en mots et en images que les octogénaires puissent comprendre. Anita Gordon, réalisatrice de l'émission *Quirks and Quarks*, me harcèle toujours (même après dix ans) pour que je pose les bonnes questions, les questions significatives que l'auditoire aimerait poser lui-même. Puis elle se penche sur mon texte.

Vous pensez peut-être qu'après tout ce temps et avec toute cette aide je parle d'autorité, mais je ne peux même pas m'attribuer le crédit de ce livre. Mon éditrice, Catherine Yolles, reprend là où les autres ont laissé, débarrassant mon texte de ce qui est incompréhensible. Peu importe où j'aboutirai après ma mort, je suis sûr que j'aurai à mes côtés une éditrice (ou une réalisatrice ou une rédactrice en chef) pour me dire comment m'y prendre. (Je ne sais pas laquelle de ces personnes ce sera ni quelle fonction elle occupera.)

Tout cet intérêt pour la science n'a pas servi à grand-chose pour ma famille. Mon père attend toujours que je lui explique exactement comment fonctionne une puce d'ordinateur. Ma mère, à qui revient le mérite d'avoir fait de moi un observateur d'oiseaux, ne s'est toujours pas fait expliquer, du moins par moi, pourquoi des points noirs apparaissent à la surface de sa crème fouettée, quand elle la recouvre d'un papier d'aluminium pendant la nuit. Ils auront au moins appris à être patients.

Je remercie aussi Cynthia Good pour son enthousiasme, Mary Adachi pour sa douce ténacité, et David Pecaut, qui m'a persuadé de voir grand.

Jay Ingram
Toronto
Février 1989

Préface

Voici un beau livre de science. De science pour tous. De science pour le plaisir. Pas (ou si peu) de mots compliqués, de ces « gros mots » qu'il faut fuir comme la peste quand on se pique de vulgarisation. Pas de formules longues comme ça ni de colonnes de chiffres. Pas d'écarts-types, pas de courbes d'Untel ni de lois de Je-ne-sais-qui. Pas de schémas ésotériques qui en bout de ligne n'expliquent rien du tout. Pas non plus de ces pièges bébêtes dans lesquels nos profs se complaisaient à nous faire tomber à l'âge de science en culottes courtes, pas de robinets qui coulent dans des baignoires qui fuient, pas de trains qui partent à des heures bizarroïdes, roulent à des vitesses improbables et doivent quand même se croiser quelque part...

Rien de tout ça dans le très sympathique livre de Jay Ingram. Seulement des choses vraiment importantes, ou fascinantes, ou intrigantes. Par exemple, des nuages et même des tornades à la surface d'une tasse de café (mais peut-être que l'auteur y avait mis un peu trop de cognac !). Ou des téléviseurs qui captent le big bang originel (un bon programme, avouez...). Ou des insectes femelles qui jouent de drôles de tours aux essaims de mâles (le moins « dardant » des deux n'est pas celui qu'on pense).

Et aussi, des réponses, quand elles existent, à ces questions avec lesquelles les enfants ont le tour de vous crucifier, généralement devant des amis jusque-là persuadés que, « comme scientifique », vous aviez, justement « réponse à tout ». Pourquoi les flocons de neige ont-ils tous six côtés ? Pourquoi, quand et comment bâillons-nous ? Pourquoi clignons-nous des yeux ? Comment reconnaissons-nous les visages ? Pourquoi le célèbre Roadrunner des dessins animés ne pourrait-il pas continuer à courir tout droit au-dessus du précipice, surtout quand il croit être encore sur la terre ferme ? Pourquoi les oies volent-elles en V ? Pour éviter d'être trop mouillé sous une averse, vaut-il mieux courir (pour être moins longtemps dehors) ou marcher (pour heurter moins de gouttes) ? Pourquoi la Lune paraît-elle plus grosse à l'horizon qu'au milieu du ciel ?

Il y a, je crois, un plaisir existentiel dans la science. Contempler l'Univers et la Vie, saisir l'étrange beauté de l'infiniment grand et de l'infiniment petit, comprendre (un peu) le monde qui nous entoure et celui (plus vaste encore) qui est en nous. Ce plaisir existentiel est le pain quotidien des scientifiques et des amateurs de science (j'ai toujours affirmé que nous, les journalistes scientifiques, comme Jay naguère et comme moi encore aujourd'hui, nous sommes les plus choyés des amateurs de science).

Il ne faut pas le cacher, ce plaisir, on le ressent fortement devant un accélérateur de particules ou dans un laboratoire de biologie moléculaire. Mais on peut aussi le ressentir chez soi, dans sa vie quotidienne, en laissant tout bonnement aller son imagination, en regardant une volée de moineaux vider la mangeoire ou en rêvant aux abeilles qui ont fait le miel du petit déjeuner.

C'est à ce « bonheur simple » de la science que Jay Ingram nous convie avec *La science du quotidien*. Et il le fait, chapitre après chapitre, avec beaucoup de talent, de concision et d'humour. Avec beaucoup de bonheur, comme on dit.

Tournez donc vite la page et régalez-vous. Je fais un pari : pendant que vous lirez ce livre, vous montrerez plus d'une fois le bout de votre langue sans même vous en rendre compte. Chez l'homme comme chez le singe, c'est le signe qu'on ne veut être dérangé sous aucun prétexte !

Yanick Villedieu
Animateur
Aujourd'hui la science
Radio-Canada

Table des matières

Le langage de la langue

ESSAYEZ DE vous rappeler la dernière fois que vous avez eu à faire quelque chose avec beaucoup de maîtrise et de précision ou de concentration, par exemple enfiler une aiguille ou lire le mode d'emploi de votre magnétoscope. Le bout de votre langue était-il visible entre vos lèvres ? Si vous n'êtes pas conscient de ce geste pour vous-même, rappelez-vous la dernière fois que vous avez vu un jeune enfant se concentrer pour relier les points numérotés d'un casse-tête. Je gagerais que vous avez pu voir le bout de sa langue. Les spécialistes du comportement (avec leur aptitude habituelle pour imaginer des noms) appellent « montrer la langue » ce curieux phénomène, qui est une forme commune et efficace de comportement non verbal.

Il y a plusieurs façons de montrer sa langue. On peut simplement en passer le bout entre les dents et la laisser là, ou la rentrer et la sortir, ou la replier entre les dents sans la sortir, ou même la pointer d'un côté ou de l'autre. Peu importe la forme particulière que prend ce geste, montrer sa langue sert toujours à véhiculer le même message « Laisse-moi tranquille ». Ce qui intrigue, c'est que le message soit envoyé et reçu inconsciemment ; ni la personne qui montre sa langue ni celle à qui s'adresse cette manifestation ne sont conscientes de l'intention ou du geste lui-même. Ce qui immédiatement différencie le fait de montrer sa langue de celui de tirer la langue à quelqu'un ou même de se passer suggestivement le bout de la langue sur les lèvres. Ces deux gestes sont à la fois voulus et conscients ; montrer la langue n'est ni l'un ni l'autre. Pourtant, il s'agit d'un signal humain commun, dont il est possible de prédire quand quelqu'un s'en servira et quel effet il aura sur ceux et celles qui le verront.

Les enfants à la maternelle montrent la langue le plus souvent quand ils sont engagés dans des activités telles que modeler de la pâte, dessiner avec des crayons ou botter un ballon. Plus la concentration nécessaire est grande, plus la langue apparaît souvent. On a fait une expérience avec des enfants : au fur et à mesure qu'ils se rapprochaient du sommet d'un escalier allant en se rétrécissant, leur langue commençait à apparaître. Même les enfants qui ne sont pas naturellement portés à montrer la langue se mettent à le faire dès qu'ils voient un adulte en train de les observer.

Au billard, les membres de la confrérie d'étudiants de l'Université de la Pennsylvanie montraient la langue d'une manière directement proportionnelle à la difficulté du coup, et les joueurs les moins bons montraient davantage la langue que les meilleurs. Même les gorilles suivent cet exemple : ils montrent la langue davantage quand ils sont engagés dans des tâches exigeantes, telles que se maintenir en équilibre sur un chariot renversé ou se pendre à des chaînes.

On a observé de nombreuses autres situations où l'on montre la langue, mais l'explication est toujours la même : les gens (ou les gorilles) montrent la langue quand ils ne veulent pas être dérangés, normalement parce qu'ils sont engagés dans une activité qui demande toute leur attention. C'est une forme subtile de rejet de l'autre, le signal qu'il ne faut pas s'approcher de la personne qui montre sa langue. La mise en scène peut être inhabituelle. La plus spectaculaire que j'aie jamais vue était celle de cette femme à vélo sur la ligne blanche, dans une rue achalandée du centre-ville de Toronto, la langue complètement sortie. Elle était tout absorbée à garder son vélo bien droit et ne montrait pas la langue pour rien, d'après ce que j'ai pu voir, puisque chaque voiture s'écartait d'elle le plus possible.

À Philadelphie, une expérience a démontré comment nous montrons la langue pour tenir les autres à distance. Dans cette étude, un homme de race blanche, âgé de 25 ans, était assis en haut des marches menant à l'entrée d'un édifice à bureaux. Il fixait du regard toute personne montant les marches pour entrer dans l'édifice, sans toutefois les menacer physiquement. Un observateur caché notait les réactions de toutes les personnes seules qui s'approchaient de l'édifice. Comme il fallait s'y attendre, les réactions étaient diverses : certaines personnes détournaient le regard immédiatement, d'autres souriaient, incertains, d'autres encore regardaient leur montre ou se passaient la main dans les cheveux.

Mais ce qui était remarquable, c'était le nombre de personnes qui montraient la langue : sur 50 personnes, 17 ont montré la langue. Alors que la plupart le faisaient à quelques pieds de l'homme qui les dévisageait, certaines commencèrent à montrer la langue plus de trois mètres avant et, ce qui est surprenant, trois commencèrent seulement *après* être passées vis-à-vis de l'homme. (Même si cela peut sembler un peu tard pour signifier un « laisse-moi tranquille » non verbal, les responsables de l'expérience pensent que leur message était prêt juste au cas où l'impertinent les poursuivrait.) De toute évidence, ce signal peut être utilisé pour éviter d'entrer en contact avec quelqu'un, même si la personne qui montre la langue est inactive. Les sujets témoins, dans cette expérience, étaient 50 personnes qui sont passées vis-à-vis du même homme, assis au même endroit dans les marches, mais lisant au lieu de les dévisager. Seulement deux personnes ont montré la langue.

La preuve que le message lancé en montrant la langue est bien reçu vient d'une expérience impliquant 25 étudiants mâles et 25 de leurs consœurs. On a demandé à une étudiante ou à un étudiant, assis à une table face au mur arrière d'une pièce, de passer un test de compréhension de lecture. On lui a remis une brochure d'examen, en l'avertissant qu'il fallait répondre à chaque question dans l'ordre. Le surveillant a annoncé ensuite qu'il allait transcrire une cassette audio, en se servant des écouteurs pour ne pas déranger. Il s'est assis à l'avant de la pièce, l'élève lui tournant le dos.

On a enlevé de chaque brochure la troisième page, et un observateur derrière une glace sans tain a noté la réaction de chaque étudiant au moment où il faisait cette découverte troublante. La plupart se sont tournés d'abord sur leur chaise pour appeler le surveillant. Lui, bien sûr, la tête baissée et les oreilles sous les écouteurs (de ces anciens gros écouteurs), n'a pas répondu. L'étudiant a dû alors soit crier soit se rendre au bureau du surveillant pour attirer son attention. Le surveillant a continué de se concentrer sur son travail, mais a montré le bout de la langue à la moitié des étudiants qui ont tenté de l'interrompre. L'observateur a noté pendant combien de temps chaque étudiant avait hésité avant d'appeler plus fort ou même de taper sur l'épaule du surveillant. Et comme l'observateur ne pouvait voir si le surveillant montrait ou non la langue, l'expérience a été réalisée vraiment « à l'insu » de tout le monde.

Les résultats confirmèrent de façon spectaculaire que le fait de montrer la langue a vraiment pour effet de dissuader les autres. Les étudiants auxquels le surveillant n'a pas montré la langue ont attendu en moyenne 7,72 secondes avant de l'interrompre ; ceux à qui il a montré la langue ont attendu 19,93 secondes (et un étudiant, apparemment excessivement sensible à ce type de signal, a attendu deux minutes). Cette différence moyenne de 12 secondes n'a pas qu'une importance statistique ; il s'agit d'une attente deux fois et demie plus longue, ce qui, dans les circonstances, doit avoir semblé une éternité.

La partie la plus étrange de l'étude est l'entrevue réalisée après l'expérience. Ayant appris aux étudiants le vrai but de l'expérience, on leur a demandé de reproduire l'expression du visage du surveillant. Aucun n'a parlé de la langue. Ceux et celles qui effectivement avaient vu le surveillant montrer la langue le niaient, même si plusieurs d'entre eux admettaient qu'ils avaient eu l'impression que le surveillant ne voulait pas être dérangé. À l'opposé, les étudiants qui n'avaient *pas* vu le surveillant montrer la langue déclaraient qu'ils n'avaient ressenti aucune gêne à l'interrompre.

Il semble donc que montrer la langue est efficace, même si aucune des personnes intéressées n'est consciente que la langue ainsi exposée lance un message: Pourquoi le bout de la langue transmet-il le message: «Laisse-moi tranquille»? Pourquoi pas le nez ou les sourcils? L'un des principaux chercheurs dans ce domaine, le Dr Julia Chase du Collège Barnard, pense que cela a probablement commencé tôt. Elle a observé un enfant de six mois dans son berceau, qui sortait la langue. La mère expliqua que le bébé faisait ça quand il avait fini de téter: encore trop faible pour retirer sa tête, il repoussait le mamelon avec sa langue, puis laissait la langue sortie pendant un bout de temps, afin de décourager sa mère de tenter de lui redonner le sein. Charles Darwin a observé un enfant de six mois qui faisait la même chose avec de nouveaux aliments. Ce ne sont là que des anecdotes, mais elles donnent à penser que le geste de montrer la langue en signe de rejet pourrait commencer en très bas âge.

Une fois que vous en serez conscients, vous verrez montrer la langue partout. Mais remarquez les variations: le geste sera parfois déguisé, dans des situations où montrer la langue pourrait être jugé inopportun. Les chercheurs citent en exemple le concours de beauté à la télévision, où les finalistes doivent répondre à des questions difficiles pour montrer leur niveau de connaissances. C'est à ce moment que la langue fait son apparition, non pas en se pointant entre les dents, mais en s'affairant à humecter des lèvres qui n'en ont pas besoin.

Roadrunner l'emporte encore

LE COUCOU terrestre « Roadrunner » et le « rusé » coyote Wile E. Coyote sont deux des nombreux et populaires personnages de dessins animés sortis des studios Warner Brothers, dans la période des années 30 à 50. Il y a eu aussi Daffy Duck, Bugs Bunny, Elmer Fudd et Yosemite Sam, mais Roadrunner et le coyote ont ceci de particulier que la physique joue un rôle clé dans leurs aventures.

Les aventures de Roadrunner et du coyote ne sont, bien sûr, que des variations sans fin sur un même thème : le coyote n'arrive jamais à attraper le coucou et, en imaginant des ruses toujours plus complexes pour prendre au piège l'insaisissable oiseau, ne réussit qu'à trouver des manières de plus en plus étranges de se blesser lui-même. La plupart du temps, c'est parce que les lois de la physique sont violées. Il arrive, dans les dessins animés, des choses qui ne peuvent se produire dans la vraie vie, et cela nous fait rire. Le coyote déclenche le mécanisme d'une énorme catapulte pour lancer une grosse pierre, laquelle, au lieu de monter en flèche dans les airs, dégage à peine la catapulte et atterrit en plein sur le coyote. Alors, la fois suivante, celui-ci prend bien soin de se placer de l'autre côté de la catapulte, hors de la trajectoire de la pierre. Mais, quand il déclenche le mécanisme, c'est la catapulte qui passe par-dessus la pierre et atterrit sur la tête du coyote.

Mes scènes favorites sont celles où le coyote franchit en courant le bord d'une falaise, un gag que l'on utilise aussi dans beaucoup d'autres dessins animés. Dans une des aventures de Roadrunner, le coyote loue un super-costume ACME (son équipement provient toujours de la compagnie ACME), accélère jusqu'au bord d'une falaise et s'élance tout droit au-dessus du gouffre, en posant au superman. Il ralentit alors, s'arrête net en plein ciel, hésite, puis tombe à pic comme une pierre. Parfois dans ces scènes, le facteur déterminant, c'est la prise de conscience par le coyote qu'il est suspendu en plein ciel : il n'a rien à craindre tant qu'il ne regarde pas en bas pour découvrir qu'il est à une hauteur de 300 étages. Et c'est seulement à ce moment-là qu'il tombe.

Si nous rions, c'est que l'idée que l'on puisse passer en courant par-dessus le bord d'une falaise et tomber directement en bas est, justement, risible. Ou bien est-ce vraiment la raison ? Cinq p. cent des étudiants interrogés, au cégep et à l'université, pensent que c'est exactement ce qui se passe quand on arrive en courant au-dessus d'une falaise. Cinq p. cent, ce n'est pas beaucoup ; ça veut quand même dire que la majorité se rendent compte que ce parcours du coyote, directement à l'horizontale, puis directement en bas, est bel et bien une vue fantaisiste du monde. Cependant, plus du tiers de cette appréciable majorité d'étudiants (et, par conséquent, probablement la moitié de la population en général) optent pour un scénario plus réaliste : le coyote irait en fait à l'horizontale sur une certaine distance, verrait sa trajectoire commencer à descendre graduellement en perdant la force qui le projetait à l'horizontale, puis tomberait directement en bas, la gravité s'imposant. Beaucoup plus raisonnable, mais malheureusement tout aussi faux.

Quelle est la trajectoire du coyote au-dessus de la falaise ? Une courbe constante vers le bas, qui combine deux mouvements en un. Le coyote s'éloigne toujours de la falaise, mais en ralentissant constamment à cause de la résistance de l'air, et il accélère vers le bas sous l'effet de la gravité. Celle-ci n'a pas à attendre que le coyote commence à perdre sa vitesse horizontale : elle commence à agir dès qu'il a franchi le bord de la falaise. Le coyote s'éloigne de la falaise et tombe tout à la fois.

Non seulement de nombreuses personnes n'ont-elles aucune idée de ce qui se passerait réellement si le coyote franchissait en courant le bord d'une falaise, mais, chose étonnante, beaucoup expliquent leur mauvaise réponse exactement dans les termes qu'auraient utilisés les philosophes du Moyen Âge.

Directement au-dessus de la falaise, puis directement en bas, c'est exactement ce qu'aurait prédit le philosophe arabe Avicenne au XIe siècle. L'idée que le coyote puisse aller à l'horizontale seulement sur une courte distance, puis graduellement descendre, pour finalement tomber directement à la verticale est plus moderne; elle n'est devenue vraiment populaire qu'au XIVe siècle. Le philosophe Albert de Saxe aurait été d'accord avec cette description, car elle va très bien avec une théorie qu'il épousa, avec d'autres, dans les années 1300, la « théorie de l'impulsion ».

Selon cette théorie, un objet qui vole dans les airs contient une impulsion qui lui a été imprimée par la chose, quelle qu'elle soit, qui l'a d'abord fait s'envoler. Une lance contient l'impulsion qui lui a été transmise par le mouvement du bras de celui qui l'a projetée. Au fur et à mesure que l'impulsion se dégrade ou se perd, la lance ralentit, et la gravité prend le relais. Wile E. Coyote s'élance dans le vide emportant avec lui une grande quantité d'impulsion horizontale, acquise en poussant le sol de ses pieds à chaque pas. La théorie de l'impulsion prédit ensuite qu'il continuera horizontalement pendant un certain temps, puis s'infléchira graduellement, l'impulsion s'usant et les effets de la gravité commençant à se faire sentir. Quand il ne reste enfin plus que la gravité, l'impulsion étant entièrement épuisée, le coyote tombe directement en bas. Cela semble plutôt raisonnable.

Il a fallu attendre le XVIIe siècle pour que Galilée, puis Newton démontrent que cette théorie était entièrement fausse. Cette chose appelée « impulsion », qui entrerait dans la lance avant qu'on la projette ou dans le coyote avant qu'il s'élance au-dessus de la falaise, n'existe pas. Newton a pris tout ça par l'autre bout, dans sa première loi sur le mouvement, en affirmant qu'il n'est pas nécessaire qu'une force agisse continuellement sur les objets en mouvement. En fait, c'est le contraire. Un objet en mouvement continuera à bouger – à tout jamais – jusqu'à ce qu'une force extérieure (habituellement la friction) le ralentisse. En faisant porter le problème sur la nécessité d'arrêter un objet plutôt que de le maintenir en mouvement, Newton a complètement changé la façon de l'aborder. Mais, pour une raison ou une autre, 300 ans plus tard nous n'avons toujours pas compris, et plusieurs autres exemples, en plus du coucou et du coyote, le prouvent.

Imaginez, posé sur une table de billard, un bout de tuyau en plastique, comme celui qui est relié à votre sécheuse et amène l'air chaud à l'extérieur de la maison. Ce tuyau est recourbé, de telle sorte que, si vous lancez une boule à un bout, elle suivra la courbe et sortira du tuyau en suivant une nouvelle direction. La question est de savoir quelle est cette trajectoire que suivra la boule sur la table, après avoir quitté le tuyau.

Il existe différentes possibilités raisonnables : la boule pourrait poursuivre la même courbe qu'elle avait à l'intérieur du tuyau, ou continuer à s'incurver pendant un moment, puis se redresser, ou encore emprunter une trajectoire directe dès la sortie du tuyau. Si vous avez prédit quelque courbe que ce soit, vous êtes retourné au XIVe siècle. Encore une fois, cette impression est très répandue : environ 50 p. cent des étudiants interrogés croient que la boule continuera à s'incurver. Ils semblent croire qu'elle contient une provision d'impulsion en courbe. Newton aurait su la bonne réponse, c'est-à-dire que la boule, dès qu'elle a quitté le tuyau, roule tout droit, car rien désormais ne l'en empêche.

Voici un autre exemple. On vous demande de tenir la même boule de billard, tout en marchant rapidement en direction d'un point sur le plancher marqué d'un « x » et, sans vous arrêter, de laisser aller la boule, de manière à ce qu'elle touche le « x » au moment où vous passez au-dessus. Quand allez-vous laisser partir la boule : avant d'avoir atteint le « x », ou juste au moment où votre main tenant la boule est directement au-dessus, ou juste après l'avoir dépassé ? Dans un groupe d'étudiants de cégep et d'université interrogés, 50 p. cent croient que vous devriez laisser aller la boule quand vous êtes juste au-dessus de la cible.

Leur propre description de ce qui se passe révèle à quel point les étudiants sont encore sous l'emprise de la théorie de l'impulsion. Ils expliquent que la boule acquerra un certain mouvement horizontal si elle est lancée, mais pas si elle est transportée passivement. Selon eux, une boule tenue dans la main n'acquiert ni impulsion ni vitesse, et tombera directement, peu importe à quelle vitesse vous marchez. Bien sûr, ils se trompent. La boule se déplace à la même vitesse que vous, vers l'avant, et vous devez la laisser partir avant d'avoir atteint le « x », car elle continuera à se déplacer vers l'avant tout en tombant.

Ce qui est étrange entre autres, dans ce phénomène, c'est que les enfants arrivent plus facilement aux concepts modernes quand ils sont à la maternelle que plus tard. La combinaison de l'apprentissage scolaire et de la familiarisation avec le monde qui les entoure, d'une certaine manière, les éloigne de la physique moderne et les ramène au Moyen Âge, ce qui est un peu bizarre quand on considère que les enfants, entre tous, doivent connaître ces choses dans leur vie quotidienne. Qu'il s'agisse d'activités inoffensives (telles que courir tout en faisant bondir un ballon) ou moins innocentes (par exemple, calculer la trajectoire de cailloux projetés par un lance-pierres), la connaissance du mouvement des choses fait partie de la vie de tout enfant. Pourtant, alors qu'ils perfectionnent ces gestes quotidiennement, la compréhension qu'ils en ont s'éclipse.

Que signifie tout cela ? Eh bien, de toute évidence les gens peuvent vivre leur vie parfaitement bien, sans avoir la plus petite idée de la manière dont se meuvent les objets. Cela prouve aussi que Galilée et Newton, deux des plus éminents scientifiques de tous les temps, n'ont que très peu marqué la plupart des gens. Il se peut qu'on se souvienne de Newton à cause de sa pomme, ou de Galilée parce qu'il laissait tomber des choses à partir de la tour de Pise, mais ça ne va pas beaucoup plus loin.

Mais ne nous laissons pas abattre et voyons le bon côté des choses. Si vous êtes de ceux qui laissent tomber la boule directement au-dessus de la cible ou pensent qu'ils pourraient s'élancer à partir d'une falaise, continuer sur leur élan pendant un moment, puis tomber directement à la verticale, vous pouvez au moins vous consoler en pensant que vous auriez été en pays de connaissances si vous aviez discuté de ces concepts du mouvement avec quelques-uns des plus importants philosophes du Moyen Âge. Les idées d'Avicenne, d'Albert de Saxe et même d'Aristote se perpétuent dans vos pensées.

« Quand la Lune, comme une grosse pizza... »

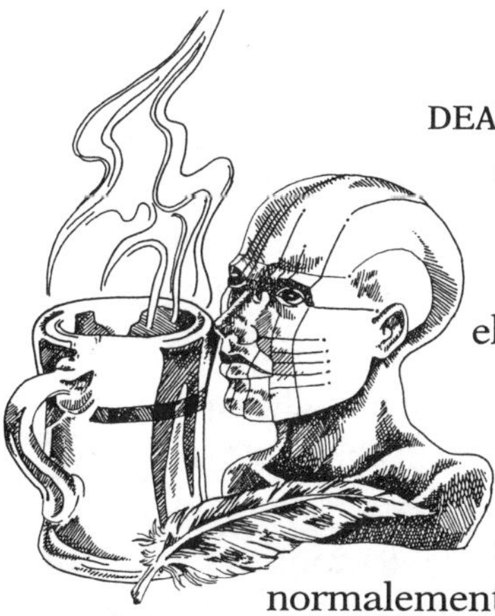

DEAN MARTIN n'avait pas tort dans ce succès des années 50 : la Lune ressemble bel et bien à une gigantesque pizza, quand elle est juste au-dessus de l'horizon. Elle est parfois si grosse qu'on jurerait pouvoir distinguer à sa surface des cratères et des plaines normalement invisibles. Alors qu'elle monte dans le ciel, elle rapetisse, jusqu'à ce qu'elle retrouve, haut dans le ciel, ce que la plupart d'entre nous appelleraient sa taille « normale ». Mais, à l'horizon, la Lune semble de toute évidence beaucoup plus grosse. Des expériences où on leur demandait de trouver, dans un ensemble de disques projetés sur un écran, celui qui correspondait à la taille de la Lune à l'horizon, ont révélé que les gens considéraient cette Lune comme au moins une fois et demie plus grosse que la Lune dans le ciel, parfois même deux fois plus grosse.

Alors pourquoi la Lune semble-t-elle plus grosse à l'horizon ? Beaucoup de gens la supposent plus proche. Mais elle ne l'est pas. La distance de la Lune à la Terre varie effectivement un peu, mais ce mouvement n'a rien à voir avec sa circonférence apparente, telle qu'on la voit près de l'horizon. Pas plus que cette immense Lune à l'horizon n'est causée par un quelconque effet de distorsion dû à l'atmosphère, bien qu'Aristote, le premier d'un défilé de scientifiques à s'être attaqués à ce problème, ait cru que l'humidité atmosphérique modifiait, d'une certaine manière, la trajectoire des rayons de lumière émis par la Lune à l'horizon, donnant l'impression que celle-ci grossissait. Aristote et tous les autres qui ont essayé d'expliquer pourquoi la Lune est plus grosse à l'horizon que dans le ciel étaient voués à l'échec, pour la simple raison qu'elle n'est pas plus grosse.

Il suffit d'un simple test pour le démontrer : tenez un comprimé d'aspirine au bout de votre bras, et il couvrira exactement la Lune, peu importe où elle se trouve dans le ciel. Je sais, c'est difficile à croire, car vous voyez sans doute, en imagination, l'aspirine comme un disque minuscule sur l'immensité blanche de la Lune à l'horizon. Pourtant ça marche. Vous pouvez aussi photographier les deux lunes et constater que les deux images ont la même taille. Vous pouvez les mesurer, pour être plus sûr, mais ces déterminations et d'autres, plus sophistiquées, ont été effectuées et elles concluent toutes que l'image de la Lune a bel et bien toujours la même taille. Elle semble plus grosse quand elle est près de l'horizon, mais c'est une illusion ; tout se passe dans notre tête.

L'homme à qui on devrait attribuer la découverte de la clé du problème de la « Lune d'horizon » est l'astronome arabe du XIe siècle Alhazen, même si, curieusement, sa contribution a été largement ignorée. Alhazen était d'avis que notre propre perception nous jouait un tour qui n'avait rien à voir avec l'orbite de la Lune ou l'atmosphère terrestre. Et, bien que l'opinion d'Alhazen ait mis des siècles avant d'être acceptée, on tient désormais pour acquis qu'on en vient, d'une manière ou d'une autre, à voir la Lune plus grosse à l'horizon que quand elle est haut dans le ciel. On appelle ça l'« illusion de la Lune ».

Le fait de savoir que c'est une illusion n'explique pas comment elle fonctionne, et il y a au moins une demi-douzaine de théories en ce sens. Il y a 40 ans, l'explication la plus populaire était la théorie de l'« angle du regard », selon laquelle le fait d'avoir à lever les yeux pour regarder la Lune dans le ciel nous la fait voir d'une taille différente. (On n'a jamais dit clairement pourquoi il devait en être ainsi, bien que quelqu'un ait suggéré que c'était à cause des mouvements que doivent faire nos yeux pour se fixer sur une chose qui est au-dessus de nous.) Toutefois, si l'angle des yeux était important, cela signifierait nécessairement qu'en vous étendant pour regarder la Lune directement au-dessus, sans vous étirer le cou, elle apparaîtrait plus grosse, ce qui n'est pas le cas. Alors que certains scientifiques sont d'avis qu'un léger effet peut être causé par le fait d'avoir à regarder en l'air, la plupart ajouteront que ce n'est en aucune façon la seule explication de l'illusion de la Lune[1].

Selon Alhazen, l'illusion de la Lune vient de ce que nous croyons que la Lune à l'horizon est plus éloignée que la Lune dans le ciel. Cette idée joue encore un rôle dans l'explication la plus répandue de l'illusion de la Lune, appelée « théorie de la distance apparente ». Quand vous regardez la Lune à l'horizon, tous les repères de distance dont se sert votre cerveau donnent l'impression que la Lune est éloignée. Pourtant, l'image de cette Lune dans votre œil (le point de lumière concret qui frappe la rétine) a la même taille que quand la Lune est dans le ciel, alors que rien ne suggère une aussi

1. L'une des théories les plus bizarres, proposée en 1899, suggérait que, quand on regarde directement quelque chose à l'horizon, la gravité fait que l'œil s'affaisse un peu, ce qui augmente la distance entre le cristallin et la rétine, grossissant ainsi l'image [de la Lune]. Cette théorie, même si elle a son charme, n'a plus qu'une valeur historique.

grande distance. Cela semble paradoxal : le même objet ne peut produire des images de même taille quand il est à la fois près et loin, alors votre cerveau, inconsciemment, décide que la Lune à l'horizon doit être plus grosse. Ayant fait ce pas, votre cerveau franchit une autre étape et vous fait voir la Lune à l'horizon réellement plus grosse. Vous n'êtes pas conscient de toute cette activité dans votre cerveau ; tout ce qui compte pour vous, c'est que la Lune semble gigantesque.

Cette explication semble étrange, de prime abord, mais elle s'appuie sur quelques indices intéressants. D'abord, il est évident que l'horizon joue un rôle important : essayez de regarder la Lune à l'horizon la tête entre les jambes. L'illusion se trouve tout à coup grandement réduite, sans doute parce que vous ne pouvez plus vous fier à l'horizon sous-jacent pour évaluer la distance de la Lune. (Les psychologues savent que le fait de renverser une image réduit la distance apparente.)

Vous pouvez aussi disposer des miroirs, de manière à ce que la Lune dans le ciel donne plutôt l'impression d'être suspendue à l'horizon et grosse. Puis faites le contraire, en projetant dans le ciel la Lune d'horizon, plus grosse, et elle semblera petite. Vous n'avez pas besoin de quoi que ce soit à l'horizon, ni même nulle part au sol entre vous et l'horizon, pour avoir cet effet. Vous ne déterminez pas la distance de la Lune en l'alignant derrière un défilé sans fin de collines, d'arbres et d'édifices. L'illusion de la Lune fonctionne à perfection au-dessus de l'eau ou du désert, où rien ne donne d'indices directs quant à la distance et à la taille.

Cela est peut-être causé par le fait que nous percevons le ciel comme si nous vivions dans quelque gigantesque stade couvert, où le toit est plus près que les sièges d'en face. Il a été démontré à maintes reprises que la plupart des gens jugent l'horizon plus éloigné que le zénith (ce point qui est au-dessus de nous), même face à un ciel parfaitement vide. (Nous rions à l'idée d'une Terre plate, mais nous imaginons le ciel comme un bol à soupe renversé.) Mettez une Lune dans ce ciel, et, bien sûr, elle semblera plus éloignée si elle est près de l'horizon.

Un psychologue du nom de Zeno a fourni, dans les années 1860, un bon exemple de l'effet qu'a l'horizon sur la taille apparente. Si vous avez dans l'œil une image consécutive, telle celle qui est laissée par un flash, vous verrez, en regardant au-dessus de vous, dehors, cette image consécutive en surimpression dans le ciel noir. Si vous regardez ensuite à l'horizon, l'image consécutive vous semblera plus grosse ! Pourtant c'est impossible, puisqu'il s'agit seulement d'une zone surexposée de la rétine de votre œil : elle ne peut grossir ni rapetisser selon l'endroit où vous regardez. Mais, d'une certaine manière, quand elle est en surimpression sur le ciel près de l'horizon, elle paraît plus grosse, ce qui donne à penser que votre cerveau jongle avec la taille apparente de cette image consécutive, de la même manière qu'il jongle sans doute avec celle de la Lune.

Vous avez peut-être détecté un paradoxe dans le principe de la « distance apparente ». Ce principe veut que votre cerveau, inconsciemment, crée l'illusion d'une Lune plus grosse à l'horizon, en se basant sur la plus grande distance apparente de la Lune d'horizon par rapport à la Lune dans le ciel. Le problème, c'est que, si vous sortez demander aux gens à quelle distance se trouve cette Lune bouffie à l'horizon, ils vous répondront toujours qu'elle est *plus près* que quand elle est dans le ciel au-dessus de nous. Comment peuvent-ils croire à cela, quand leur cerveau pense secrètement le contrairc ?

Eh bien, les psychologues qui soutiennent la thèse de la « distance apparente », pour expliquer l'illusion de la Lune, ne sont pas dépourvus d'imagination, c'est le moins qu'on puisse dire. Ils partent du principe que toute cette illusion se déroule inconsciemment, engendrant ce qui semble être une grosse Lune bien grasse à l'horizon. Puis ils avancent que notre pensée consciente prend le relais (inconsciente de ce qu'a fait notre subconscient) et se dit : « Comme elle est grosse, cette Lune ! Elle doit être vraiment près. » Deux étapes, l'une inconsciente, l'autre consciente – l'équivalent pour le cerveau de la main droite qui ignore ce que fait la main gauche.

Ce sont ces zigzags dans la théorie de la distance apparente qui ont convaincu les critiques que ce n'est pas là le dernier mot sur l'illusion de la Lune. Bien que ce soit encore probablement l'explication la plus largement acceptée, les psychologues étudient toujours, des millénaires après les premières théories, plusieurs explications différentes. Certaines théories sont abstruses et demandent qu'on repense des pans entiers de la psychologie de la perception. D'autres prennent le problème par l'autre bout, où ce n'est pas tant la Lune à l'horizon qui est si grosse, mais la Lune dans le ciel qui est anormalement *petite*. Une théorie prétend même que l'illusion vient de ce que la Lune ne ressemble à aucun autre objet se déplaçant de l'horizon au zénith. Les avions et les nuages semblent grossir en passant au-dessus de nos têtes, mais pas la Lune. Selon cette théorie, notre cerveau résout ce paradoxe en présumant que la Lune, en fait, *s'éloigne,* quand elle monte dans le ciel, et que, par conséquent, elle apparaît nécessairement plus grosse quand elle est juste à l'horizon.

Peu importe exactement pourquoi l'illusion de la Lune fonctionne, elle est indiscutablement une illusion et l'un des tours de l'esprit les plus étonnants que vous puissiez voir. Il est presque impossible de regarder cette Lune d'horizon bouffie, tout en vous imaginant que vous puissiez être trompé par votre propre cerveau. C'est l'argument parfait contre ceux qui soutiennent que la science, en l'expliquant, éloigne la nature, que le monde, d'une certaine manière, a plus de charme quand on ne sait pas comment il fonctionne. Dans ce cas-ci, c'est tout sauf ça. Il est tellement plus fascinant de savoir que ces images, dans les livres d'histoires, qui représentent le chat de l'Halloween en silhouette sur la Lune géante, sont une manifestation de ce tour que vous joue votre cerveau !

Son et images dans une tasse de café

MON AMI Jearl Walker, physicien et conteur dans la plus pure tradition texane, aime cultiver l'image d'une vie dure : beaucoup de bière après le coucher du soleil, et beaucoup de café à l'aube. Je lui dois d'avoir eu l'idée de regarder dans l'une de ces interminables tasses de café, pour y découvrir toutes sortes de phénomènes scientifiques intéressants.

L'un des exemples les plus étonnants est aussi l'un des plus faciles. Remplissez une tasse à ras bord, avec du café noir, très chaud, et placez la tasse de manière à ce que la lumière se reflète sur la surface. Une ampoule brillante fait l'affaire, mais le soleil matinal est encore mieux. Vous verrez un motif à la surface du café, comme les dalles d'un sentier: des taches irrégulières, blanchâtres, de moins de deux centimètres de diamètre, et entourées d'étroites lignes foncées. Elles bougent constamment, changeant de contour à tout instant, mais elles ne disparaissent pas. Ces zones blanchâtres, entourées de lignes foncées, sont appelées cellules de convection, c'est-à-dire des zones où le café chaud s'élève du fond de la tasse, alors que le café plus froid de la surface redescend.

Ce processus de la convection est répandu dans la nature. Chaque fois que de l'air ou du liquide chaud se retrouve sous du froid, la gravité tend à attirer la matière froide, plus dense, vers le bas, alors que la matière plus chaude s'élève pour prendre sa place. Ceci se produit sur la Terre, où les plaques continentales circulent en plongeant vers l'intérieur de la Terre, pour remonter ensuite à la surface. Cela se produit même sur le Soleil, où les gaz intérieurs, chauffés par la fusion nucléaire, s'élèvent à la surface. Cette circulation est d'habitude très ordonnée, et les courants liquides ascendants et descendants, en laboratoire, peuvent se regrouper en colonnes parfaitement symétriques, dessinant à la surface du liquide un motif en nid d'abeille.

Dans votre tasse de café, les zones blanchâtres sont du café chaud, arrivant et s'étendant à la surface, et les lignes noires sont du café plus froid, replongeant au fond. Du café, c'est du café. Alors pourquoi devrait-il avoir une couleur différente, selon qu'il est chaud ou froid ? En fait, le café ne change pas de couleur. Chose étonnante, les zones blanchâtres sont constituées de gouttelettes d'eau suspendues dans l'air. Quand le café chaud atteint la surface, des molécules d'eau individuelles s'évaporent du café, s'arrachant à la surface. Même si elles sont invisibles, elles se comptent par millions, ce qui est suffisant pour exercer une puissante force ascendante, au moment où elles s'envolent dans l'air.

Une fois qu'elles sont en suspension dans l'air, ces molécules d'eau qui bougent très vite se refroidissent rapidement, ralentissent et se regroupent pour former une couche de minuscules mais visibles gouttes d'eau, juste sur la surface de café. En toute autre circonstance, la gravité tirerait à nouveau les gouttelettes vers le bas, mais dans ce cas-ci la gravité est contre-balancée par la poussée des molécules d'eau qui s'évaporent, de sorte que ces gouttelettes restent là, suspendues à moins d'un millimètre au-dessus de la surface du café. Ce que vous prenez au premier coup d'œil pour des zones blanches à la surface du café, ce sont en réalité des nuages bas, suspendus au-dessus du café. S'ils sont blancs, c'est que les gouttelettes reflètent la lumière ; le café en dessous est noir, et c'est ce que vous voyez sur le pourtour de ces cellules de convection, où le café plus froid redescend dans la tasse. Il n'y a pas de courant ascendant à cet endroit, donc pas de gouttelettes suspendues, de sorte que rien ne vous cache la surface du liquide.

Parfois, si vous avez de la chance, vous apercevrez une ligne foncée à travers les gouttelettes en suspension. Elle apparaît, puis disparaît. Il s'agit d'une minuscule tornade, engendrée par l'air chaud, instable, qui s'élève du café – une imprévisible perturbation atmosphérique locale. La couche de gouttelettes s'effondre, l'espace de quelques millièmes de seconde, puis la perturbation disparaît.

Pour voir ces nuages de gouttelettes, il vous faut une tasse de café tranquille, mais, si vous faites votre café pressé, il est toujours possible de faire quelques observations scientifiques. Par exemple, avant d'ajouter du succédané de lait en poudre à votre café (ou simplement du café instantané à l'eau chaude), prenez le temps de faire tinter une cuiller en métal contre le bord de votre tasse. Vous entendrez un son, presque une note de musique, avec un ton bien précis.

Mais quand vous ajoutez le café instantané ou le succédané de lait en poudre, et que vous agitez la mixture peu appétissante qui en résulte, le tintement change de ton. Il peut descendre d'une octave ou plus. Jusqu'en 1969, aucune théorie n'expliquait ce phénomène, qui se produit sûrement des milliers de fois chaque jour, dans les cafés d'Amérique du Nord. Mais un groupe de scientifiques de l'Institut de géophysique et de physique planétaire de l'Université de la Californie, à San Diego, a fini par résoudre le mystère. Après avoir rejeté des explications telles que les effets de la température ou la dispersion des ondes sonores par les particules flottant dans le mélange, ils ont émis l'hypothèse que ce sont les bulles d'air qui sont la clé.

Les particules de poudre de café instantané et de succédané de lait emprisonnent à leur surface de minuscules bulles d'air, lesquelles s'échappent quand la poudre se dissout dans l'eau. Le son voyage plus de quatre fois moins vite dans l'air que dans l'eau, de sorte que, quand l'eau s'emplit de tas de bulles, les sons dans la tasse ralentissent. Même si les bulles ne comptent que pour un centième du volume total de café (ce qui est une estimation raisonnable pour une cuillerée de café instantané), la vitesse du son est divisée par 30, comparativement à ce qu'elle est dans l'eau claire.

Le ton d'une note équivaut en fait au nombre d'ondes sonores par seconde. Par conséquent, quand la vitesse du son tombe, dans une tasse de café, il y a moins de vibrations à la seconde, et le ton du tintement de la tasse baisse, parfois jusqu'à deux octaves. Quand les bulles s'échappent du café, en montant vers le haut de la tasse, ce qui peut prendre jusqu'à une minute, la note monte aussi et finit par retrouver son ton normal.

Enfin, quand vous vous achetez un café prêt à emporter, en vous rendant au travail, et que vous prenez de la crème dans votre café, que devriez-vous faire pour vous assurer que votre café reste chaud jusqu'à ce que vous soyez à votre bureau ? Ajouter la crème tout de suite ou attendre et la mettre à la dernière minute, juste avant de boire ?

Dans ce cas-ci, je peux rapporter mes propres observations, car j'ai essayé de répondre à ces questions plus d'une fois, assis à ma table de cuisine. J'ai fait une vraie expérience, où j'ai rempli trois tasses de café identiques, avec le même mélange de café, à des températures entre 75 °C et 75,5 °C. (Deux suffisent, mais trois vous procurent l'assurance supplémentaire que votre dispositif fonctionne. Quatre ou cinq tasses seraient encore mieux, mais une seule personne n'arriverait pas à manier les thermomètres, la crème, la plume et le papier nécessaires pour cette quantité.) Ensuite, j'ai ajouté exactement une cuillerée à soupe de crème à café à la première tasse. La température est tombée instantanément à 68 °C. Une minute plus tard, j'ai ajouté la crème dans la deuxième tasse, puis j'ai observé les températures des trois tasses pendant qu'elles refroidissaient. Même si, de toute évidence, les deux tasses ayant reçu de la crème étaient plus froides en tout temps, la différence entre leur température et celle de la troisième tasse, contenant le café noir, s'atténuait au fil des minutes. Après six minutes, le café noir était seulement trois degrés plus chaud. Quand enfin, au bout de sept minutes, j'ai ajouté de la crème dans cette tasse, sa température est tombée et demeurée sous celle des deux autres tasses.

Cette expérience et d'autres du genre me permettent de tirer deux conclusions : s'il s'écoule entre quatre et sept minutes entre le moment où vous remplissez votre tasse et le moment où vous commencez à boire votre café, vous feriez mieux d'ajouter la crème immédiatement – votre café sera plus chaud quand vous le boirez, que si vous ajoutez la crème au dernier moment. L'autre conclusion, c'est que le café qui a refroidi à 54 °C est à peu près 10 °C trop vieux – faites-en ce que vous voudrez, mais ne le buvez pas.

Au départ, si le café noir refroidit plus vite que le café avec de la crème, c'est que la différence entre sa température et celle de la pièce est plus grande. Mais l'explication ne semble pas s'arrêter là. Il se pourrait que la crème elle-même réduise la perte de chaleur du café par convection, ce procédé qui fait que le café chaud monte à la surface, s'y refroidit et redescend. De plus, l'ajout de crème rend le café beige et parsème la surface de gouttelettes de crème. Ces deux différences peuvent avoir pour conséquence de réduire la quantité de chaleur s'échappant de la surface du café.

Ajoutez donc la crème tout de suite et profitez d'un ou deux degrés de chaleur supplémentaires. Mieux encore, ajoutez de la crème fouettée, ce qui isole la surface du café de l'air plus froid au-dessus et le garde plus chaud plus longtemps. Ou bien, comme pourrait vous le suggérer Jearl Walker, faites l'expérience avec du café irlandais, en gardant bien à l'esprit que la répétition est l'essence de la science.

Accoudoir et guerre des sexes

NOUS TRANSPORTONS tous avec nous une bulle invisible d'espace personnel, dont sont habituellement exclus les autres. Les dimensions varient, mais elle peut s'étendre à 70 centimètres devant, à 40 centimètres derrière et 60 de chaque côté. Une foule de recherches en psychologie sociale ont établi que nous réagissons négativement à toute violation de notre espace personnel, que nous réservons pour nous-même.

Évidemment, nous pouvons changer les règles à volonté, permettant à d'autres d'y entrer si nous avons de l'affection pour eux, ou quand les circonstances, tel un métro bondé, nous empêchent de conserver l'espace habituel[1]. Des expériences ont démontré que les gens qui ont un statut social plus élevé ont un espace personnel plus étendu (l'espace personnel doit enfler avec l'accroissement de votre importance), que les réactions à une violation de l'espace personnel peuvent varier de la fuite à la violence et que les hommes maintiennent un espace personnel plus étendu que les femmes.

Mais, alors que les indices ne manquent pas pour montrer que nous chérissons notre espace personnel, il n'est pas facile d'imaginer une expérience pour délimiter l'étendue exacte de cet espace. Il n'est pas commode, non plus, de quantifier les réactions à l'invasion de l'espace personnel. Une étude a cependant brillamment réussi à faire les deux, en posant la question : Que se passe-t-il quand des hommes et des femmes mettent leur espace personnel en jeu et se disputent le contrôle des accoudoirs en classe économique, dans les avions ? Tel était le sujet de l'étude en deux parties publiée par les spécialistes en psychologie sociale Dorothy Hai, Zahid Khairullah et Nancy

1. Le psychologue Robert Sommer a émis l'hypothèse que nous nous accommodons de la perte de notre espace personnel dans le métro en faisant semblant que nous sommes entourés d'objets inanimés, non de personnes. Autrement, demande-t-il, pourquoi serions-nous contrariés que quelqu'un s'excuse de nous avoir bousculés ? Ce faisant, il nous force à le reconnaître comme être humain, détruisant ainsi notre monde imaginaire.

Coulmas, de l'Université St. Bonaventure, en 1982. Un total de 852 personnes ont ainsi été observées, à bord de 20 vols différents, pour voir qui aurait l'accoudoir. Les voyageurs étaient aussi interviewés sur leur attitude à l'égard de la possession de l'accoudoir. Les sièges en classe économique pourraient bien avoir été conçus par un spécialiste en psychologie expérimentale, car leur étroitesse assure un conflit interpersonnel direct pour la possession de l'accoudoir. Vous savez déjà, pour vous être assis dans un tel siège, que vos bras tombent naturellement par-dessus les accoudoirs et que la position à adopter, si on vous refuse ces accoudoirs, n'a rien de *naturel*. L'accoudoir est en fait un objet qui se situe dans l'espace personnel de deux personnes.

Les 852 sujets de l'expérience se composaient de 426 couples (hommes-femmes) de passagers. (Les dormeurs et les amoureux ne comptaient pas.) L'observation commença après que les gens eurent pu s'installer, afin d'éliminer la confusion causée par une arrivée hâtive, où un voyageur s'empare de l'accoudoir pour le céder ensuite à son voisin. De toute évidence, la taille des gens fait aussi problème – une grosse personne dans un siège en classe économique peut s'emparer des accoudoirs par nécessité physique, sans même s'en rendre compte. De sorte qu'on a aussi tenu compte des disparités de taille extrêmes entre voisins.

Les résultats furent nets: sur les 426 couples hommes-femmes de passagers, 284 hommes, contre seulement 57 femmes, ont utilisé l'accoudoir, soit 5 hommes pour une femme. Dans 37 cas, les 2 ont utilisé l'accoudoir et, dans 48 autres cas, celui-ci n'a pas servi. Même après qu'on eut corrigé les données, de manière à ne prendre en compte que des hommes et des femmes de taille à peu près identique, il y avait toujours trois fois plus d'hommes que de femmes qui utilisaient l'accoudoir.

Un questionnaire, remis à environ 100 passagers d'avion des deux sexes, a mis en lumière cette agression mâle en vol. Soixante-huit p. cent des hommes interrogés déclaraient que ça les « dérangeait » d'avoir un voisin de siège qui utilisait l'accoudoir, alors que cela n'ennuyait que 42 p. cent des femmes. Et ce sont les hommes de moins de 40 ans qui sont les plus contrariés. Sur 23 ayant admis que ça les dérangeait de ne pas avoir l'accoudoir, 21 ont déclaré que cette situation les « ennuyait beaucoup », surtout quand le fautif était une femme. « Je crois que l'accoudoir me revient, pas à elle », dit un commentaire. Sur trois hommes qui ont eu recours aux paroles insultantes, en pareille situation, l'un a ajouté : « Surtout si c'est une femme, car elles n'ont pas besoin de cet espace. »

J'avoue moi-même avoir le sentiment que l'accoudoir m'appartient, mais seulement si j'estime avoir été victime de quelque malotru hyperagressif, voleur d'accoudoir, qui semble estimer que l'accoudoir lui appartient à lui... ou à elle. Je passe alors les dix minutes suivantes à essayer d'imaginer comment je pourrais m'emparer de l'accoudoir. J'y arrive parfois graduellement, en commençant par ne poser que la pointe du coude à l'arrière, puis en le poussant tranquillement vers la partie centrale, ou encore en glissant l'avant-bras juste sur le bord de l'accoudoir, et en le poussant ensuite doucement de côté. La prise en un seul coup est parfois possible (et particulièrement facile si l'occupant doit se rendre aux toilettes). Bien sûr, les repas sont traumatisants – comment soulever le couvercle de votre dessert sans abandonner votre territoire, ne serait-ce qu'un instant? Puis il y a cette déception aiguë, quand il apparaît clairement que l'autre n'est même pas conscient de l'accoudoir, ne fait rien pour le reconquérir et ne se rend absolument pas compte que je viens de passer 45 minutes à mijoter dans mes propres hormones.

Vous pensiez que les sièges extra-larges de la classe affaires n'avait que le confort à offrir aux clients. Eh bien, c'est beaucoup plus que ça : cela leur épargne le stress de la bataille constante qu'on doit se livrer pour l'espace personnel, dans la classe économique. Les lignes aériennes sont totalement dans l'erreur : les passagers de classe économique sont ceux qui devraient avoir les meilleurs repas et le cognac de choix. Ils l'ont mérité.

Deux bonnes raisons de prendre son bain

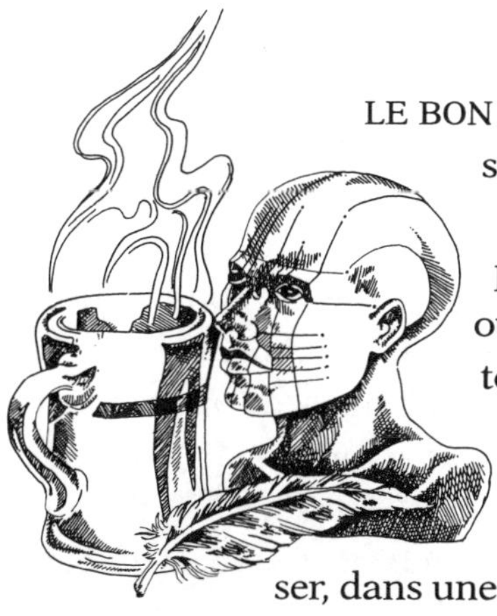

LE BON VIEUX bain n'est malheureusement plus à la mode, ces temps-ci. Il a été remplacé par la douche après l'aérobic, ou les cocktails dans le bain tourbillon. C'est malheureux, car il y a deux beaux petits phénomènes scientifiques auxquels vous pouvez penser, dans une baignoire : l'un quand vous y entrez, l'autre quand vous en sortez.

Au moment où vous vous assoyez dans la baignoire, vous recréez l'instant du premier « Eurêka ! » Cela se passait au IIIe siècle avant J.-C., à l'établissement de bains de Syracuse, en Sicile. Le grand mathématicien grec Archimède s'apprêtait à s'asseoir dans la baignoire, quand il s'aperçut qu'il était en train d'expérimenter la solution à un problème qui le troublait. Il bondit aussitôt et s'en fut chez lui en courant, nu, à travers les rues de Syracuse, criant: « Eurêka! Eurêka! J'ai trouvé! » Archimède était bien loin de se douter qu'il deviendrait célèbre non pas tant pour la solution du problème que pour son exclamation d'enthousiasme. Je suppose qu'il alla chez lui pour noter la solution, mais cette partie de l'histoire n'a jamais été racontée.

Quant au problème, il lui avait été soumis par son grand ami le roi Hieron, souverain de Syracuse. Le roi avait reçu en cadeau une couronne en or, mais il soupçonnait l'orfèvre de l'avoir triché, en falsifiant l'or avec de l'argent. Un tel mélange était invisible, et il s'agissait de trouver le moyen de déterminer s'il y avait effectivement de l'argent dans la couronne.

On suppose qu'Archimède a trouvé la réponse juste comme il s'assoyait dans le bain. Il s'aperçut alors que le volume d'eau qui débordait de la baignoire, au moment où il y entrait, devait être égal au volume de la partie de son corps qui était submergée. Cet instant de perspicacité aurait inspiré à Archimède le test décisif permettant de confirmer ou d'infirmer la pureté de la couronne.

Archimède savait que l'or est plus dense que l'argent, de sorte qu'une couronne faite d'or pur aura un plus faible volume qu'une couronne, d'un poids égal, contenant de l'or et de l'argent. Mais comme il n'y avait qu'une seule couronne, celle qui faisait l'objet du litige, avec quoi pouvait-il la comparer? C'est là que la baignoire entre en scène. Un kilo d'or dans une baignoire déplacera la même volume d'eau, qu'il s'agisse d'un morceau informe ou d'une couronne finement ciselée. Il ne restait plus qu'à trouver un morceau d'or ayant exactement le même poids que la couronne et à comparer le volume d'eau déplacé par chacun. Si la couronne contenait de l'argent, comme le soupçonnait le roi Hieron, elle déplacerait plus d'eau qu'un morceau d'or pur, de poids identique. Et c'est ce qui arriva, mettant au jour la supercherie de l'artisan. (Vous ne pensiez pas qu'il pouvait encore être innocent après tout ça ?)

On doit à Archimède beaucoup plus que la simple introduction du mot *eurêka* dans notre vocabulaire. Ayant vécu environ de 287 à 212 avant J.-C., il a été décrit comme le plus célèbre mathématicien de l'Antiquité. Le problème ci-dessus n'occupe qu'une partie de son livre *Des corps flottants*, lequel n'est lui-même que l'un des nombreux ouvrages qu'il a écrits. Il était d'abord mathématicien, mais les légendes ne manquent pas sur son habileté à construire des machines pour démontrer les principes qu'il savait être vrais. On dit qu'il a déclaré au même roi Hieron que n'importe quel poids, même le plus gros, pouvait être déplacé par n'importe quelle force, même la plus petite. « Donnez-moi un point d'appui, et je déplacerai la Terre », s'exclame-t-il dans son célèbre ouvrage, mais j'aime aussi : « S'il y avait un autre monde, et que je pusse m'y rendre, je pourrais déplacer celui-ci. » Quoi qu'il en soit, Hieron le mit au défi de prouver ce qu'il avançait, et voici, selon Plutarque, comment cela s'est passé.

« [Archimède] choisit un navire marchand à trois mâts de la flotte royale, qu'on avait traîné à terre grâce au labeur de nombreux hommes, et, après qu'on y eut embarqué plusieurs passagers et la cargaison habituelle, il s'assit à une certaine distance et, sans grand effort, mais mettant tranquillement en branle un système de poulies combinées, tira le navire vers lui, doucement et sans à-coups, comme s'il glissait sur l'eau. »

Cette expertise des mécanismes du mouvement fit aussi d'Archimède un génie des machines de guerre. Alors que la flotte romaine assiégeait Syracuse, en 212 avant J.-C., pendant la deuxième guerre punique, les marins romains avaient si peur des catapultes, des grappins et des grues qui laissaient tomber des poids sur le pont de leurs navires, qu'ils paniquaient à la moindre apparition d'un bâton aux murs de la ville. On raconte même cette histoire fascinante, selon laquelle il aurait mis le feu aux vaisseaux romains en disposant ses soldats dans des rangées de gradins, leurs boucliers polis devant eux. Ces boucliers formaient un énorme miroir qui réfléchissait et concentrait la lumière du Soleil sur le bois des navires près de la côte. On discute toujours de la possibilité qu'une telle chose ait pu se produire, mais personne ne remet en question la véracité du premier *eurêka*.

Vous avez commencé votre bain avec l'histoire d'Archimède, finissez-le avec le problème de la direction du tourbillon, quand l'eau s'écoule de la baignoire. L'eau devrait s'écouler dans des directions opposées, de part et d'autre de l'équateur : dans le sens contraire des aiguilles d'une montre, dans l'hémisphère nord, et dans le même sens que les aiguilles d'une montre, dans l'hémisphère sud. Cela est dû à ce que nous appelons l'effet de Coriolis, un phénomène parfois difficile à visualiser.

Afin de comprendre l'effet de Coriolis, vous devez commencer par vous rappeler que la vitesse de rotation de la Terre, à l'équateur, vous entraîne vers l'est à environ 1 600 kilomètres à l'heure, alors qu'au pôle Nord votre vitesse serait de zéro. Entre les deux, ça dépend où l'on se trouve. (Toronto se déplace vers l'est à environ 1 125 kilomètres à l'heure.)

Tout ceci a pour conséquence que, si vous vous déplacez en l'air en ligne directe, n'importe où dans l'hémisphère nord, vous arriverez à droite de votre but. Cela semble étrange, je le sais, mais ça se produit. Prenez, par exemple, un voyage en avion entre Ottawa et Toronto. Ottawa, qui est plus au nord, se déplace vers l'est plus lentement que Toronto. Au moment où vous atteindrez la latitude de Toronto, la plus grande vitesse de celle-ci l'aura entraînée à l'est de votre trajectoire de vol. Et vous retrouverez le même problème pour le voyage de retour : au moment de décoller de Toronto, vous vous déplacez déjà très rapidement d'ouest en est, avec celle-ci, et cela vous entraîne à l'est d'Ottawa, une fois de plus à droite de votre but. Même si vous voyagez *grosso modo* d'est en ouest, dans l'hémisphère nord, vous serez déporté vers la droite. Quand les Allemands bombardaient Paris avec la Grosse Bertha, pendant la Première Guerre mondiale, l'effet de Coriolis poussait chaque obus environ un 1,6 kilomètre à droite de leur cible, et ce, sur une distance de 122 kilomètres.

La force de Coriolis est partout : elle tend à pousser votre voiture vers la droite quand vous conduisez, et on a même avancé que les explorateurs polaires ont tendance à aller vers la droite, quand ils approchent du pôle Nord, et vers la gauche dans l'Antarctique. Mais on peut difficilement croire que cela puisse venir de l'effet de Coriolis, celui-ci étant compensé par chaque pas sur la glace ou dans la neige, tout comme les pneus s'agrippent à la route, empêchant votre voiture de déraper.

Quand vous retirez le bouchon de la baignoire, l'eau commence à se diriger vers le tuyau d'écoulement, mais elle est déviée vers la droite (dans l'hémisphère nord), selon l'usage Coriolis consacré. Ainsi, plutôt que de plonger directement dans le tuyau, l'eau l'encercle, s'en rapprochant constamment, dans le sens contraire des aiguilles d'une montre.

Il y a toutefois un petit détail : même si l'eau *tend* à tourbillonner dans la baignoire, en s'approchant du tuyau d'écoulement, l'effet est si incroyablement minime que vous devez vous donner beaucoup de mal simplement pour en confirmer l'existence. Des calculs montrent qu'un grand lavabo, à la latitude de Boston – où eut lieu la première expérience décisive sur le sujet –, se déplace avec la rotation de la Terre à environ un millimètre à la *minute !*

Afin de prouver que l'effet a bel et bien lieu, des expériences ont effectivement été réalisées dans les années 60, par deux groupes de scientifiques, l'un à Cambridge (Massachusetts), au Massachusetts Institute of Technology, l'autre à l'Université de Sydney, en Australie. Les deux groupes utilisèrent un réservoir de 1,8 mètre de diamètre, rempli de 15 centimètres d'eau. D'un diamètre de 1 centimètre, le tuyau d'écoulement était placé au centre du réservoir, à ras du fond. Le groupe australien ajouta des éléments, non compris dans l'expérience du Massachusetts : ils firent leur cuve en bois, afin de minimiser les effets gênants que pourrait avoir sur l'eau la chaleur engendrée par les parois d'une cuve en métal ; ils ont aussi placé leur cuve dans une petite pièce aux murs de ciment, sans fenêtre, dans un sous-sol, ne laissant entrer que les expérimentateurs pendant le déroulement de l'expérience.

Bien que les scientifiques, tant américains qu'australiens, aient utilisé des cuves de 1,8 mètre, et non pas des lavabos, ils durent ajouter de minuscules flotteurs en bois pour indiquer la direction du tourbillon. (Les gens de Sydney, en vrais Australiens, utilisèrent des tranches de bouchon de liège...) De plus, comme à peu près n'importe quel événement inattendu – un coup de vent, un pas trop lourd, le simple retrait du bouchon – pouvait gâcher l'expérience, dans les deux cas on retirait le bouchon par-dessous, évitant ainsi de troubler la surface de l'eau. Pour la même raison, les deux groupes laissèrent aussi l'eau reposer entre 18 et 24 heures, la cuve recouverte, avant de retirer le bouchon. Ils prirent même la précaution, au moment de remplir la cuve, d'agiter l'eau dans le sens opposé de la direction où on s'attendait qu'elle s'écoule, de telle sorte que, si l'eau s'écoulait effectivement selon la théorie, cela ne pourrait être attribué à un restant de vitesse acquise lors du remplissage.

Ces expériences des années 60 confirmèrent ce à quoi tout le monde s'attendait, c'est-à-dire que l'eau s'écoule bien dans des directions différentes selon que l'on est dans l'hémisphère nord ou dans l'hémisphère sud, et nous pouvons probablement ajouter cela aux nombreuses autres preuves que la Terre tourne. (On aurait attribué tout échec de l'expérience à l'équipement ou au processus, pas à la Terre.)

Malheureusement, un si petit effet est trop facilement submergé, dans votre baignoire, par les gigotements et le pataugeage, les petits canards en caoutchouc, les éponges en vadrouille, par le simple fait de retirer le bouchon. Si vous voyez effectivement l'eau s'écouler en tourbillonnant comme il se doit, c'est probablement l'effet du hasard. D'un autre côté, il pourrait arriver qu'un jour toutes les influences s'annulent exactement et que l'eau se mette à tourbillonner dans le sens contraire des aiguilles d'une montre (ou dans le même sens, selon l'endroit où vous vous trouvez), juste parce que la Terre tourne. C'est ce que je préfère croire, quand je vois l'eau s'écouler de la bonne façon.

Des oiseaux de gouttière

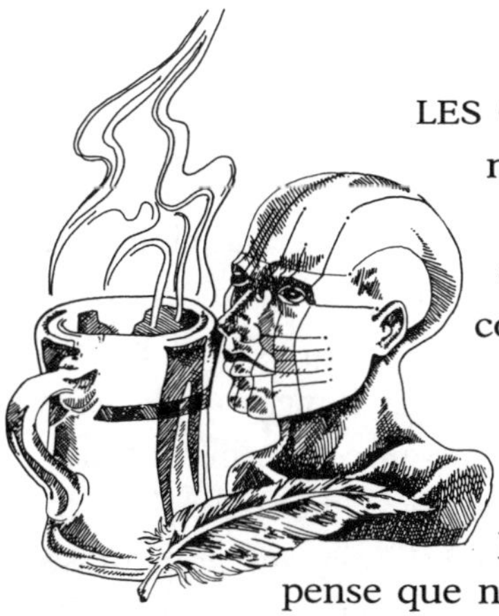

LES OISEAUX qui partagent avec nous nos villes sont souvent objets de mépris, plus que d'admiration, et cause de contrariété pour nous. Le moineau domestique en est un parfait exemple. Les moineaux sont trop communs pour être adulés, mais je pense que notre dédain est aussi suscité par le fait que ces oiseaux nous rappellent le moins admirable de nos traits. Nous voulons pour nous des oiseaux colorés, gracieux, habitant les bois, désintéressés et dévoués à leur compagnon, non pas de ces oiseaux urbains, qui chantent faux et fort, sont sans distinction, ne pensent qu'à manger et à s'accoupler, et ne sont même pas assez exotiques pour migrer vers le Sud l'hiver. Une observation plus attentive et scientifique du moineau domestique montre que j'ai raison.

Dès le début, les moineaux domestiques sont partis du mauvais pied, en Amérique du Nord. On les importa dans les années 1820, avec l'espoir naïf qu'ils combattraient les infestations de chenille arpenteuse et de ver rongeur, dans le sud-est des États-Unis. La même vieille histoire que partout ailleurs où l'on a introduit des espèces exotiques : on en emmena quelques couples, et en moins d'une décennie les gens faisaient des mains et des pieds pour trouver des moyens de les éliminer. La bataille fut particulièrement violente à Boston, où les ornithologues eurent des prises de bec publiques au sujet du moineau. Thomas Mayo Brewer, un ami d'Audubon et qui a donné son nom (en anglais) au mainate à tête pourprée, les aimait : « Ils deviendront avant longtemps l'un de nos oiseaux préférés les plus communs et familiers. » Eh bien, comme on dit, deux sur trois, c'est pas mauvais – ils sont communs et familiers. Son rival était le Dr Elliot Coues, auteur de *Key to North American Birds*, un scientifique qui pouvait se montrer aussi bien charmant qu'extrêmement désagréable, qui exigeait la preuve scientifique dans toute discussion, mais qui croyait aux fantômes, et qui trouvait, pour décrire les moineaux domestiques, de belles petites expressions, les qualifiant de « vigoureux et vulgaires petits étrangers » et de « machines à fumier vivantes », les écartant enfin parce qu'ils n'avaient « rien pour eux». Les ennemis du moineau prétendaient que ces oiseaux qui se multipliaient rapidement non seulement n'arrivaient pas à tuer un nombre appréciable de chenilles, mais en plus chassaient des espèces indigènes plus attrayantes et endommageaient les tournesols, le raisin et les pommes. Ces envahisseurs n'étaient pas les bienvenus.

Il a fallu attendre jusqu'en 1931 pour que le moineau domestique puisse être admis à titre d'oiseau «américain», dans le répertoire de l'American Ornithologists' Union, mais les mauvais sentiments à son égard ont subsisté bien après cette date. P. A. Taverner, dans son livre *Birds of Canada*, en 1945, ne pouvait même pas retenir son mépris pour les oiseaux eux-mêmes: «Les nids sont de grosses masses de paille et d'herbe, encombrants et mal tenus, et la tendance qu'ont ces oiseaux à emplir les gouttières et à couvrir de détritus chaque saillie architecturale des édifices les rend insupportables.» Taverner terminait son article sur le moineau en énumérant les pièges, le poison et la destruction systématique des nids comme étant les méthodes de contrôle les plus efficaces. De la part d'un ami des oiseaux...

Mais, direz-vous, ce ne sont là que des attitudes rétrogrades, typiques de la fin du siècle dernier et du début du XXe siècle. Peut-être, mais même l'approche objective des ornithologues des années 1980 ne peut faire du moineau domestique un oiseau attachant. En fait, leur recherche révèle un oiseau qui passe presque tout son temps à manger et le restant à s'accoupler au hasard, en escamotant ses responsabilités parentales.

La quête de nourriture est une préoccupation fondamentale pour les oiseaux, dont elle occupe 90 p. cent du temps, mais les moineaux le font de manière particulièrement inélégante, devenant, en masse, une énorme machine à manger. Comme le savent bien les habitants des villes, on ne voit presque jamais des moineaux tout seuls. Il se déplacent en bandes organisées de manière à balayer le paysage, en quête de nourriture et, à les observer de près, on constate que ces bandes ne constituent pas un effort de coopération, mais un regroupement temporaire d'oiseaux totalement égoïstes.

Du point de vue du moineau individuel, manger dans une bande pourrait être en fait une mauvaise chose, car cela fait beaucoup de bouches concurrentes pour la nourriture disponible. D'un autre côté, il est plus sécuritaire de se nourrir avec d'autres; les prédateurs ont habituellement moins de succès contre une bande, vraisemblablement parce qu'ils sont désorientés par le grand nombre de cibles volant dans tous les sens. Aussi, si l'individu n'est qu'un parmi plusieurs, ses chances d'être transformé lui-même en repas sont évidemment moindres. Qu'est-ce qui est le plus important, pour le moineau domestique, la sécurité ou la nourriture?

La réponse: la sécurité, pourvu qu'elle n'empiète pas sur la nourriture. Le moineau n'a besoin que d'une demi-seconde à trois quarts de seconde pour un « coup de tête » (arrêter de picorer, regarder rapidement si un faucon attaque, puis baisser à nouveau la tête pour recommencer à picorer). Mais plus la bande est grosse, plus il y a d'oiseaux pour se partager la tâche de surveillance et, même s'il faut toujours le même temps pour jeter un coup d'œil, un oiseau peut profiter de plus de temps entre chaque coup d'œil. Pourvu qu'il y ait au moins quelques oiseaux observant le ciel en tout temps, les autres peuvent manger en toute sécurité.

Évidemment, une grosse bande a tôt fait de consommer toute la nourriture disponible, de sorte que chaque moineau doit aussi savoir quand il est temps de repartir. Une étude menée à l'Université Oxford a démontré que les moineaux savent quand il est temps de quitter une bande en mesurant le temps écoulé entre chaque coup de bec. Sans blague ! Quand il reste encore beaucoup de nourriture, chaque coup de bec, peu importe la vitesse, rapporte une graine. Mais au fur et à mesure que s'épuise la nourriture, l'intervalle entre les coups de bec s'accroît, et quand cet intervalle, entre les coups de bec, atteint trois secondes, sur plus de trois coups de bec consécutifs, c'est le TA, c'est-à-dire le « temps d'abandonner », en langage de recherche sur le moineau. (Vous remarquerez que la camaraderie entre moineaux est la dernière raison de la formation des bandes. C'est la notion qu'avait en fait avancée le biologiste J.R. Cannon, dans les années 30, pour expliquer le phénomène des bandes en général.)

Mais que penser de l'observation bien documentée, selon laquelle les moineaux qui tombent sur une source de nourriture pépient bruyamment, invitant ainsi les autres moineaux à partager la découverte ? N'est-ce pas un geste merveilleusement altruiste ? Absolument pas. Mark Elgar a soigneusement analysé ce comportement, alors qu'il travaillait à l'Université Cambridge, et montré que les moineaux se comportent différemment, selon que la nourriture se présente en un seul gros morceau ou en miettes. Si elle est en miettes, donc dispersée et probablement difficile à réunir pour un seul oiseau, l'auteur de la trouvaille pépie bruyamment, attirant les autres, qui s'abattent sur la nourriture. Mais si elle est « non divisible », par exemple une tranche de pain, le premier oiseau sur les lieux pourrait bien se tenir coi et s'envoler en emportant la tranche tout entière.

La stratégie est claire : si la nourriture est en morceaux, un seul oiseau devra passer beaucoup de temps à essayer de la consommer tout seul, et cela est risqué ; vaut mieux en appeler d'autres qui, même s'ils mangent eux-mêmes beaucoup de nourriture, partageront aussi la tâche de surveillance, donnant à l'auteur de la découverte la possibilité de manger un peu, lui aussi. Mais, si la nourriture est en un seul morceau et que vous pouvez l'emporter d'un seul coup, alors n'hésitez pas !

Il serait injuste de décrire les moineaux domestiques comme étant intéressés uniquement par la nourriture. Leur vie comporte un autre aspect, que l'ornithologue californien Leon Dawson a décrit joliment. Après avoir observé un couple de moineaux ayant copulé 14 fois de suite, en faisant une pause de 5 secondes chaque fois, tout ce qu'a trouvé à dire le spécialiste, c'est qu'il avait vu « un mâle qui souffrait de satyriasis et une femelle qui souffrait de nymphomanie ». Ça aussi, c'était de la propagande antimoineau des premiers temps mais, là encore, la recherche actuelle a montré que l'accouplement et la reproduction chez le moineau sont, en fait, laissés au hasard.

Les femelles des moineaux s'adonnent à ce que les scientifiques appellent le « parasitisme de couvée conspécifique », c'est-à-dire qu'elles pondent quelques-uns de leurs œufs dans le nid d'autres femelles. Certains oiseaux prennent pour victimes d'autres espèces, mais les femelles des moineaux domestiques refilent leurs œufs aux membres de leur propre espèce, leurs voisines. On ne sait pas bien encore à quel rythme elles le font, ni à quel point cela est désavantageux pour la femelle qui est la récipiendaire involontaire et habituellement ignorante, bien que, du point de vue de l'évolution, ce soit une grande perte de temps et d'énergie que d'élever les petits de quelqu'un d'autre. (Le but est bel et bien de transmettre vos propres gènes à la génération suivante, et non pas ceux de quelqu'un d'autre.)

Certains indices montrent qu'à l'occasion une femelle peut être consciente qu'il y a dans son nid un œuf qu'elle n'a pas pondu, mais apparemment elle ne retire pas cet œuf ni n'abandonne son nid. Selon certains scientifiques, elle adopte la stratégie d'un prêté pour un rendu et va pondre son prochain œuf dans le nid d'une voisine, ouvrant ainsi la voie à un effet en domino : chaque oiseau dont le nid est violé pond son prochain œuf dans un autre nid, et ainsi de suite. Il semble avantageux, si vous êtes une femelle de moineau domestique d'être à la fois sournoise et méfiante – d'écarter les intruses de votre nid, mais de remplir de vos œufs celui des autres.

Pendant ce temps, les mâles s'accouplent avec quiconque veut d'eux. On s'en doutait déjà depuis un moment, les chercheurs ayant souvent observé comment des groupes de mâles s'exhibaient devant une seule femelle, un mâle la montant à l'occasion par derrière, pendant qu'elle regardait les autres pendiller devant, en ébouriffant leurs plumes. Aujourd'hui, les techniques d'empreintes génétiques sophistiquées permettent pour la première fois de déterminer la paternité exacte des rejetons de moineaux domestiques, et ça n'augure pas bien pour les partisans de la fidélité chez les oiseaux. Ainsi, un couple de moineaux, qui se trouvaient être la mère et le fils !, a engendré trois petits en deux couvées. Et alors qu'il apparaissait clairement, à partir des données génétiques, que deux des petits avaient effectivement comme père le partenaire de la femelle, c'est-à-dire son fils (vous me suivez toujours ?), le troisième semblait plutôt différent, génétiquement, et en fait devait avoir eu un autre oiseau comme père. Alors, trousse d'ADN en mains, les scientifiques ont fouillé les nichoirs voisins, à la recherche du mâle en question, pour le retrouver presque aussitôt, tout juste à côté.

Telle est la vie du moineau domestique, une vie graveleuse, urbaine, un peu trop reconnaissable, si vous voulez mon avis. En toute justice, d'autres oiseaux partagent certains aspects du mode de vie du moineau, mais seul ce dernier les réunit tous en un ensemble aussi peu attrayant. Et, de peur que vous ne m'ayez trouvé partial dès le début dans cette cause, j'ai donné aux moineaux toutes les chances de me convaincre. J'ai passé deux jours assis sur mon porche arrière, à me documenter et à rédiger ce chapitre, pendant que, à pas plus de cinq mètres, une bande de moineaux domestiques décimait une mangeoire pleine de graines de tournesol. Je me disais qu'il devait sûrement y avoir autre chose, pour ces oiseaux, que des coups de tête, du *dumping* d'œufs et des TA. En vain j'ai attendu. Mais l'interminable piaillerie – sans parler du pillage – a finalement eu raison de moi : le troisième jour, je n'ai pas rempli la mangeoire.

Un cocktail de conversations

LES COCKTAILS (c'est-à-dire les réceptions) présentent un grand intérêt pour les scientifiques, du seul point de vue analytique, bien sûr. Les psychologues de la perception sont fascinés depuis des décennies par ce qu'ils appellent l'« effet cocktail ». Comment pouvez-vous, s'étonnent-ils, vous retrouver au beau milieu d'une réception, debout, entouré de gens, et vous concentrer sur votre propre conversation, tout en ignorant celles, tout aussi fortes, qui se déroulent autour de vous (sauf, bien entendu, tant que votre nom n'est pas mentionné dans l'une de ces conversations) ? Ce phénomène, à ce jour, a résisté à toute explication. Mais il existe une autre analyse des cocktails, effectuée celle-ci par un physicien, qui explique pourquoi et comment ces réceptions deviennent bruyantes.

Le physicien William MacLean a publié son *On the Acoustics of Cocktail Parties* en 1959 mais, comme toute bonne étude scientifique, cet article est tout aussi pertinent aujourd'hui. L'auteur fait d'abord remarquer que le son entendu à un cocktail a deux sources : le son qui vient directement de la personne qui vous parle, et le son indirect, qui atteint vos oreilles seulement après avoir percuté les murs, les meubles, les gens et même les petites saucisses et le saumon sur canapés.

Prenez une réception où se forment différents groupes de conversations. Dans chaque groupe, une seule personne parle. (MacLean s'en tient, pour son étude, aux seules réceptions fréquentées par des gens bien élevés, c'est-à-dire qui n'essaieront pas de parler plus fort que la personne déjà en train de s'exprimer. En y pensant bien, c'est peut-être ça qui fait que son étude date un peu.) En tant qu'auditeur, vous entendez directement la personne qui parle dans votre groupe et indirectement toutes les autres personnes qui parlent dans la pièce. La réception conservera un niveau sonore potable tant que la voix de la personne qui parle, dans chaque groupe, demeurera au-dessus du bruit de fond indirect, ou si vous préférez, en termes de physique, tant que le « rapport signal-bruit » demeurera supérieur au niveau requis pour une conversation intelligible.

Mais, dès que le son indirect dépasse le son direct, les ennuis commencent. Les équations montrent que le nombre d'invités joue un rôle déterminant : au fur et à mesure qu'augmente ce nombre, celui des personnes qui parlent augmente aussi, tout comme le niveau de bruit de fond, jusqu'à ce que chacun des interlocuteurs n'arrive plus à se faire entendre confortablement. Arrivées à ce point, ces personnes peuvent élever un peu la voix, mais les équations de MacLean montrent clairement que cela sera tout à fait inutile, car chaque interlocuteur fera de même, et le niveau de bruit de fond ne fera que suivre.

Je dois vous prévenir, à ce stade, qu'il n'existe pas de chiffre magique quant au nombre d'invités pour chaque réception ; chaque salle de réception est de dimensions et de formes différentes, et la réflexion du son par les tentures murales, ou leur absorption par les complets trois-pièces en worsted varieront selon les cas. Néanmoins, chaque réception aura bel et bien son propre chiffre magique quant au nombre d'invités et, une fois qu'il aura été atteint, les conversations individuelles se perdront graduellement dans le bruit de fond. Même si toute conversation cesse soudainement – comme lorsque l'hôte demande le silence pour pouvoir porter un toast à l'invité d'honneur –, cela ne dure pas. Dès que la conversation recommence, elle devient incontrôlable et ce, de façon exponentielle, c'est-à-dire à un rythme non pas simplement stable, mais allant toujours en accélérant. Une noce constitue un cadre expérimental idéal pour observer jusqu'à quel point le niveau sonore retrouve vite sa force originale.

Une seule correction peut être apportée, en cas de niveau sonore trop élevé: les interlocuteurs se rapprochent les uns des autres, le rapport signal-bruit dictant exactement la nouvelle distance. La clé, c'est que le niveau sonore qui atteint vos oreilles, en provenance de la personne qui vous parle directement, varie proportionnellement au carré de la distance entre vous. (Par exemple, vous placer trois fois plus près de votre interlocuteur multipliera le niveau sonore par neuf.) Ainsi, une réduction relativement légère de cette distance amplifie le niveau sonore de façon marquée. Et c'est la distance qui compte, et non le volume. En fait, il faudrait une longue observation pour le confirmer, mais les groupes de conversation suivent probablement un mouvement de contraction et d'expansion, au fur et à mesure que le nombre de personnes à une réception augmente et diminue. Si vous connaissiez l'acoustique exacte d'une salle de réception particulière, vous pourriez probablement même calculer le nombre de personnes présentes, simplement en mesurant la distance entre les gens !

Cette étude est admirable et constitue un parfait exemple de la manière dont les concepts de la physique peuvent s'appliquer aux situations de la vie courante. Bien sûr, au fur et à mesure que des gens arriveront à la réception, les invités seront forcés de se presser toujours plus, afin de pouvoir entendre ce que dit leur interlocuteur. Dans la représentation scientifique du cocktail, les gens peuvent faire cela mais, dans la vraie vie d'autres préoccupations les en empêchent : être trop près les uns des autres, cela peut vouloir dire que vous manquerez ces potins croustillants qu'on peut entendre dans les groupes voisins. Ce qui montre bien que même la physique a ses limites.

Stylo à bille et dé à coudre

AUCUN ALIMENT commun ne reçoit aussi peu de considération que le miel. Vous rendez-vous compte qu'il faut le pouvoir combiné du cerveau de milliers d'ouvrières pour emmener ce miel jusqu'à votre table ? Non pas que l'emballage et la mise en marché du miel soit une opération qui demande une main-d'œuvre nombreuse et principalement féminine. Les milliers d'ouvrières dont il s'agit sont les abeilles qui ont recueilli le nectar transformé en miel dans la ruche. L'énergie déployée par ces ouvrières, qui vont et viennent entre la ruche et les fleurs des douzaines de fois par jour, est déjà passablement impressionnante, mais c'est le travail mental que suppose la cueillette du nectar qui est ahurissant.

Le cerveau de l'ouvrière n'est pas plus gros que la bille d'un stylo à bille, ce qui représente environ un millième de gramme de matière grise, alors que nos cerveaux pèsent un million et demi de fois plus. Mais, même avec ce manque apparemment écrasant de puissance cérébrale, les abeilles réalisent des prouesses de mémoire et de communication en apparence très compliquées.

L'un de leurs secrets, c'est qu'elles n'anticipent pas beaucoup ce qu'elles vont faire. Le cerveau des abeilles est programmé pour ne traiter que certains types d'informations très spécifiques, qui les amènent à agir de manière automatique et inflexible. Les abeilles, dans le langage de l'ère informatique, sont des robots volants miniatures, équipés d'un progiciel de cueillette du nectar. Agir de manière simple et répétitive est une stratégie commune, parmi les insectes, comme l'a montré le premier et de façon spectaculaire, le grand entomologiste Jean Henri Fabre, au siècle dernier. Le savant étudiait une guêpe qui transportait un grillon paralysé jusqu'à la porte de sa tanière, qui entrait reconnaître les lieux, puis ressortait afin de tirer à l'intérieur le grillon, sur lequel elle pondait ses œufs. Un jour, Fabre déplaça le grillon très légèrement pendant que la guêpe était à l'intérieur. À son retour, elle trouva le grillon déplacé, le remit là où il devait être, puis rentra vérifier l'intérieur de sa tanière. Fabre déplaça à nouveau le grillon, et le même scénario s'ensuivit. Au bout de 40 répétitions, le savant se lassa de ce petit jeu, alors que la pauvre guêpe, irrémédiablement prisonnière de sa simple routine, aurait continué inlassablement. Elle ne pouvait imaginer une façon de se sortir de cette situation fâcheuse – en fait, elle n'était même pas consciente qu'elle était dans une situation fâcheuse !

Les abeilles butineuses peuvent aussi apparaître comme des automates irréfléchis, telle la guêpe de Fabre. Quand une abeille fait sa première sortie, à la recherche de fleurs, elle est probablement déjà vieille de trois semaines, mais l'expérience n'est pas nécessaire[1]. Elle est programmée pour vérifier la couleur, la forme et l'odeur de la fleur sur laquelle elle se pose, de manière à pouvoir se rappeler toutes celles qui sont des sources d'approvisionnement particulièrement riches. Mais elle ne perd pas son temps à balayer tout le paysage qu'elle survole. Les connexions de son cerveau lui permettent d'enregistrer des informations sur les fleurs selon des paramètres très étroits et efficaces. Par exemple, elle n'enregistre la couleur d'une fleur que dans les trois der-

1. Elle travaillait jusque-là dans la ruche, s'activant à toutes les autres tâches des ouvrières : avoir soin du couvain et de la reine, assurer la ventilation de la ruche (en vrombissant ses ailes) et monter la garde. Butiner est sa dernière tâche – elle s'y affairera pendant quatre ou cinq jours, puis mourra. Étrangement, elle ne mourra pas de vieillesse, mais de distance. Des études semblent indiquer que les butineuses ont quelques centaines de kilomètres de vol dans le corps, après quoi elles meurent, qu'elles aient mis cinq ou quinze jours à les parcourir.

nières secondes de vol, avant en fait de tomber dessus par hasard. Toute couleur vue avant cela n'est pas retenue, et toute nouvelle couleur observée pendant qu'elle est posée sur la fleur ne lui fait aucune impression. Et elle devra être en vol pour enregistrer la couleur – si vous portez une abeille jusqu'à une fleur, elle ne se rappellera jamais sa couleur.

Elle apprend aussi à quelle heure du jour chaque variété de fleur produit du nectar, de manière à ne pas gaspiller temps de cueillette et énergie. Des scientifiques ont réussi à entraîner des abeilles à distinguer neuf périodes différentes de la journée, certaines de ces périodes n'étant séparées que de 20 minutes. Une fois de plus, quelques expériences révèlent à quel point les abeilles obéissent inflexiblement à leur propre horloge intérieure. Si on place un plateau bleu de solution sucrée à l'extérieur entre neuf et dix heures du matin, puis qu'on le remplace par un plateau jaune entre dix et onze heures, les abeilles se nourriront dans le premier plateau, puis dans le second, et apprendront par la même occasion à associer l'heure et la couleur. Le problème, c'est que, quand on ne retire pas le premier plateau, les abeilles continuent à passer au plateau jaune, même si le bleu est encore plein de sucre. Elles sont enfermées dans cette simple routine : bleu à neuf heures, jaune à dix heures.

Trouver et se rappeler les fleurs, ce n'est que le début. Mais, quand les cueilleuses reviennent à la ruche pour raconter aux autres ce qu'elles ont trouvé, là le cerveau des abeilles est réellement mis à l'épreuve. C'est en dansant que la cueilleuse dit aux autres, au retour, où se trouvent les bonnes fleurs. La direction, l'orientation et l'intensité de ses mouvements leur apprennent la distance, la direction et la qualité des fleurs visitées.

La « danse de l'agitation », la plus connue, est celle qu'on danse quand les fleurs se trouvent à au moins 100 mètres de la ruche. La danseuse se tient sur la façade du rayon de miel, dans la noirceur totale et, en marchant, se met à décrire un huit à la surface du rayon, tout en agitant furieusement l'abdomen. Les autres abeilles se rassemblent autour d'elle, la touchant le plus possible. À partir de la vitesse et de la taille des huit qu'elle décrit, du nombre de coups d'abdomen et de l'orientation de la danse sur le mur du rayon, elles peuvent déduire à quelle distance et dans quelle direction se trouvent les fleurs.

Traduire le souvenir de son voyage jusqu'aux fleurs en mouvements de danse, dans la noirceur d'une ruche, en soi, cela est déjà passablement étonnant. Mais il y a plus encore. D'abord, ce n'est pas la distance précise qu'elle dicte en fait à ses compagnes de ruche, mais une estimation de la quantité d'énergie nécessaire pour s'y rendre et en revenir, de sorte qu'elle dansera des danses différentes pour les mêmes fleurs, selon qu'il vente ou que le temps est calme. On a démontré cela en lestant des abeilles avec des petits poids, ou avec des volets entraînant une résistance. L'abeille ainsi encombrée traduit dans sa danse un plus grand effort que quand elle volait librement. Des abeilles qu'on a forcées à se rendre en marchant (!) jusqu'à la source de nectar ont indiqué une plus grande distance encore. Elles distinguent même entre un vent contraire à l'aller et un vent contraire au retour, car au retour les abeilles transportent une poids supplémentaire de nectar. Les recrues ne prennent pas cela à la légère : plus la danse indique un vol difficile en perspective, plus elles prennent de miel comme carburant pour le vol.

Même l'incroyable détail fourni par la danse pourrait être expliqué par l'hypothèse que le cerveau de l'abeille fonctionne selon des programmes automatiques, conçus par des millions d'années d'évolution. Mais certaines expériences réalisées sur les abeilles, ces dernières années, ont révélé des habiletés qui demandent de nouvelles explications. Par exemple, le biologiste James Gould, de Princeton, a par la ruse amené des abeilles à indiquer dans leur danse une source de nectar située au beau milieu d'un lac. Les spectatrices, dans la ruche, observèrent attentivement, volèrent rapidement jusqu'au bord du lac, puis patrouillèrent la rive, semblant chercher les fleurs annoncées. Elles refusaient de se rendre à l'endroit au milieu du lac indiqué par la danse, même s'il y avait là un bateau chargé de nectar. Gould a démontré qu'elles n'avaient pas simplement peur de l'eau, en amenant des éclaireuses à indiquer dans leur danse une source sur la rive opposée du lac. Sans hésiter, les recrues volèrent au-dessus du lac et recueillirent le nectar. S'il ne s'agissait là que de comportements automatiques, pourquoi les abeilles n'ont-elles pas essayé d'aller voir au milieu du lac ?

Celle-là n'est pas facile à expliquer. Certains biologistes croient que les abeilles pourraient avoir emmagasiné dans leur mémoire, en un genre d'« album neutre », une série d'instantanés du terrain survolé, qu'elles peuvent fouiller mentalement pour déterminer leur position. Si cela est vrai, le refus des abeilles de voler jusqu'au milieu du lac suggère qu'elles pourraient d'abord comparer le lieu indiqué par la danse avec un instantané du lac (en supposant qu'elles en aient un dans leur collection), puis qu'elles refuseraient ensuite d'aller cueillir là, sachant que les lacs n'ont pas de fleurs.

James Gould soupçonne que les abeilles possèdent non pas un album d'instantanés, mais une carte mentale, à laquelle elles se réfèrent, tout comme on le fait en conduisant. Avec cette carte mentale, elles compareraient les renseignements de la danse, pour se rendre compte que ces indications les conduisent au milieu de l'eau, ce qui semble une conclusion inacceptable. Dans une autre expérience, Gould a entraîné des abeilles à voler de leur ruche à un poste d'alimentation complètement entouré d'arbres. Puis, le biologiste les a transportées en un lieu totalement différent, d'où elles pouvaient voir la ruche, mais pas le poste d'alimentation. Il s'aperçut que la plupart des abeilles, plutôt que de retourner d'abord à la ruche, puis au poste d'alimentation, se rendirent directement au poste d'alimentation, un vol qu'elles n'avaient jamais fait auparavant.

L'idée que les abeilles puissent avoir des cartes mentales est un peu difficile à avaler, mais même les cartes ne peuvent expliquer les capacités mathématiques des abeilles. Si vous placez une solution sucrée à quelques mètres d'une ruche, vous aurez vite toutes sortes d'abeilles pour s'y nourrir. Le lendemain, placez la même assiette à une distance 25 p. cent plus grande. Là encore, les abeilles n'auront pas de difficulté à la trouver. Refaites le même manège chaque jour, éloignant l'assiette chaque fois de 25 p. cent de sa distance antérieure. Si la distance par rapport à la ruche s'accroissait d'environ un mètre au début, elle augmentait sans doute de quelques mètres à la fois vers la fin de la semaine. Non seulement les abeilles n'ont-elles pas de difficulté à repérer le nectar, dans cette expérience, mais elles se mettent même en fait à arriver en avance, au lieu exact où vous vous apprêtez à le placer ! Elles calculent chaque jour ce que représente une augmentation de 25 p. cent de la distance de la veille et se rendent à l'endroit prévu. En mathématiques, on appelle cela une progression géométrique, et les abeilles la calculent à l'aide d'un cerveau qui fait un millimètre cube. À ce jour, personne n'a encore pu expliquer de façon satisfaisante comment elles s'y prennent.

Le fait qu'une ouvrière puisse recueillir à peine assez de nectar pour remplir un dé à coudre de miel, et ce dans toute sa carrière de cueilleuse, a conduit les amateurs d'abeilles à souligner l'incroyable quantité d'efforts physiques nécessaires à mettre du miel sur votre table, mais l'activité intellectuelle nécessaire est tout aussi impressionnante.

Le big bang sur le câble

LA PROCHAINE fois que vous vous retrouverez devant le téléviseur, à la recherche de quelque chose de divertissant, jetez votre *TV Hebdo* et cherchez un canal où il n'y a absolument rien (oui, je sais, ce n'est pas difficile, il n'y a rien nulle part!), où on ne voit que de la neige. Ou bien, si vous cherchez une station de radio au hasard, en auto, allez au bout complètement de la bande FM, quelque part dans les environs de 108 MHz, et écoutez le sifflement entre les stations. Quand vous aurez trouvé, vous pourrez vous délecter à la pensée incroyable que votre radio ou votre télé vous donne un aperçu des premiers moments de l'univers.

La neige de votre téléviseur n'est que du bruit électrique, une accumulation désordonnée de photons (particules de rayonnement électromagnétique) sans liens entre eux, inondant l'antenne de toutes parts. Certains photons viennent même de l'antenne elle-même. Trois ou quatre p. cent de ces photons flottent dans le cosmos depuis 15 milliards d'années environ, ayant d'abord fait leur apparition à peine 300 000 ans après le big bang, cette explosion qui a donné naissance à notre univers.

Le concept du big bang n'est pas facile à appréhender. Il faut d'abord commencer par l'idée que tout l'univers actuellement visible de la Terre est en expansion : toutes les galaxies, et même les groupements de galaxies, les milliards, les billions d'étoiles que contient chacune d'elles, les gigantesques nuages tournoyants de poussière et de gaz, tous s'éloignent les uns des autres à des vitesses fantastiques. Et ils ne s'enfuient pas vers des coins vides de l'univers : l'espace lui-même est en expansion. À titre d'analogie, on compare souvent les galaxies aux raisins dans un pain en train de lever. Les raisins s'éloignent les uns des autres parce que la pâte entre eux prend de l'expansion. De toute évidence, quand nous regardons dans l'espace aujourd'hui, si nous voyons chaque chose s'éloigner rapidement de toute autre chose, on peut raisonnablement supposer que toutes les choses étaient, il y a longtemps, plus près les unes des autres que maintenant, et que plus on remonte loin dans le temps, plus elles étaient près. Selon les lois de la physique, plus l'univers était petit et dense, il y a des milliards d'années, plus il était chaud. De sorte qu'en extrapolant et en remontant assez loin dans le temps, comme si on regardait un film à l'envers, on se retrouve avec l'univers entier entassé dans une boule minuscule, si chaude et si dense qu'elle défie la physique moderne. Cette boule, peu importe comment elle est née, a explosé. Cette explosion s'appelle le big bang, et nous en vivons le contrecoup, c'est-à-dire l'expansion de l'univers.

L'univers, qui était à l'origine un objet trop chaud et trop dense pour qu'on puisse l'expliquer, s'est refroidi et étendu assez rapidement pour atteindre, même dans les toutes premières fractions de seconde, une forme que peuvent comprendre les physiciens. Malgré cela, pendant des centaines de milliers d'années, il est demeuré trop chaud pour que puissent s'y former des atomes, leurs éléments constituants, principalement les protons et les électrons, étant arrachés les uns aux autres dès qu'ils tentaient de s'unir, faute de pouvoir supporter l'agitation causée par la chaleur.

Tant que ne pouvaient se former des atomes, les particules de lumière, c'est-à-dire les photons, étaient prises au piège. Elles parcouraient une courte distance, pour être presque aussitôt déviées ou absorbées par les électrons errants. La lumière, même s'il y en avait beaucoup, n'allait nulle part dans ce temps-là. Les astronomes décrivent cette époque comme celle où l'univers était « opaque » : ça brillait partout, mais il n'y avait rien à voir.

Toutefois, environ 300 000 ans après le big bang, un événement fit date – l'équivalent scientifique du fameux « Que la lumière soit ! » La température de cet univers qui se refroidissait constamment atteignit tout à coup un point où les protons, les neutrons et les électrons purent se coller et former des atomes, après quoi les photons furent soudainement libres. Il n'y avait plus d'électrons en liberté pour les intercepter, de sorte que la lumière pouvait voyager en ligne droite, sans obstacles, comme aujourd'hui. Voilà où les photons de votre téléviseur prennent leur départ.

La température de l'univers entier, à ce point, était d'environ 3 000 °C, ce qui équivaut à peu près à la température du filament d'une ampoule électrique, et les particules de lumière qui furent libérées reflétaient bien cela : elles avaient une longueur d'ondes très courte, typique des photons qui s'échappent d'un objet chaud. (L'exemple le plus commun de ce phénomène est l'élément de la cuisinière. Celui-ci change de couleur au fur et à mesure qu'il s'échauffe, le rayonnement qui s'en échappe ayant une longueur d'ondes de plus en plus courte. L'élément émet un rayonnement même quand il est froid, mais les ondes sont si longues que vous ne pouvez les voir.)

Depuis ce temps, il y a 15 milliards d'années selon l'estimation actuelle, beaucoup de choses ont changé.

L'univers ayant pris une expansion régulière, les ondes de ces particules de lumière ont été étirées proportionnellement. Alors qu'elles étaient très courtes quand l'univers était relativement petit, elles sont maintenant très longues – des longueurs d'ondes davantage typiques du rayonnement produit par quelque chose de très froid, et non pas quelque chose de chaud. C'est exactement ce qu'ont découvert les astronomes au milieu des années 60 : peu importe où vous regardez, l'univers semble rempli du genre de rayonnement que produirait un objet qui serait seulement trois degrés au-dessus de la plus basse température possible, le zéro absolu. Voilà ce qui est arrivé aux photons libérés lors de cet événement capital, 300 000 ans après le big bang : cette explosion de lumière qui remplit l'univers n'est rien d'autre aujourd'hui qu'une faible lueur froide, éteinte, invisible.

Mais les photons continuent de pleuvoir sur nous. On estime qu'il en reste encore 500 000 par litre d'univers. Comme ils se déplacent à la vitesse de la lumière (après tout, ne sont-ils pas une forme de lumière ?), quelques centaines de billions de photons traversent la paume de votre main chaque seconde ! Aucun risque pour vous, bien sûr, car ce rayonnement a une intensité de seulement un dix-millionième d'une ampoule de 100 watts. C'est pourtant suffisant pour produire quelques crépitements et grésillements dans nos radios et nos téléviseurs. Peu importe comment vous captez votre signal télé, par câble, par antenne parabolique ou par antenne ordinaire, il a passé une partie de son voyage dans les airs sous forme de photons. Quand vous syntonisez un poste, vous sélectionnez des photons qui voyagent de concert avec des ondes d'une longueur spécifique. Peu importe la station de télévision (ou de radio FM, dans certains cas) que vous syntonisez, certains photons du big bang ont juste la bonne longueur d'ondes pour que quelques-uns d'entre eux contribuent au sifflement de la radio ou à la neige de la télé. Ainsi avez-vous, au beau milieu de votre salon, une preuve concrète du big bang.

Même si ce fond cosmique ne constitue qu'un pourcentage minuscule de la neige ou du sifflement, et ne représente sans doute qu'un très pâle reflet de sa terrifiante splendeur originelle, cela demeure un divertissement gratuit et parfaitement convenable pour toute la famille.

Je pense, donc je cligne

NOUS CLIGNONS des yeux en moyenne 15 000 fois par jour, chaque fois pendant à peu près trois dixièmes de seconde. Cela signifie que nous avons les yeux partiellement ou entièrement fermés pendant environ une heure quinze minutes chaque jour. Mais c'est seulement ces dernières années que les scientifiques ont réellement commencé à comprendre ce qui se produit quand nous clignons des yeux. Il y a des situations où il est normal de cligner : quand on a de la poussière ou de la fumée dans les yeux, quand on est surpris par un bruit soudain ou l'apparition subite de quelque chose près des yeux. Mais cela n'explique qu'une faible proportion du nombre total de clignements pendant une journée. Les autres n'ont rien à voir avec le nettoyage ou la protection de vos yeux, mais sont en fait des signaux de ce qui se passe dans votre esprit.

Vu en détail, un clignement d'yeux est un événement remarquable. Aussi légère que soit votre paupière (la partie de peau la plus mince de votre corps), elle n'atteint pas sa vitesse maximale immédiatement. Des reprises au ralenti montrent que la paupière commence à descendre, accélère au maximum et ralentit à nouveau avant même que l'œil ne soit fermé, tout cela en un dixième de seconde environ. La paupière reste fermée pendant à peu près un vingtième de seconde, puis commence à remonter en accélérant, laissant derrière elle un film de larmes. Le plus curieux, c'est que, même si votre œil est partiellement ou entièrement fermé pendant trois dixièmes de seconde ou plus, vous n'avez pas conscience de manquer quoi que ce soit, alors que, si la lumière dans la pièce est éteinte pendant une période de temps beaucoup plus courte, vous vous en rendez compte immédiatement.

Une expérience astucieuse a montré pourquoi nous n'expérimentons pas un petit *black-out* chaque fois que nous clignons des yeux. Les chercheurs ont placé un câble de fibre optique contre la voûte du palais et envoyé de la lumière à *l'arrière* de l'œil, de manière à ce que la paupière n'interrompe pas le signal lumineux en se refermant. Ils ont découvert que la sensibilité de l'œil à un éclat de lumière commence à diminuer juste avant un clignement et demeure basse tant qu'il n'est pas terminé. Ils croient que deux signaux en provenance du cerveau atteignent l'œil en même temps : l'ordre de contracter les muscles de la paupière et de commencer le clignement, et le message de freiner la réaction de l'œil. Voilà pourquoi vous n'êtes jamais conscient de l'interruption occasionnée par un clignement d'yeux, alors que quand la lumière d'une pièce vacille vous vous en rendez compte immédiatement, votre œil continuant à fonctionner au maximum de sa sensibilité.

La plupart d'entre nous clignent des yeux environ 15 fois par minute, bien qu'un ou deux clignements semblent suffisants pour lubrifier la surface de l'œil. Des patients atteints de certaines formes de la maladie de Parkinson ne clignent des yeux qu'une ou deux fois par minute. Pourtant, ils n'ont aucun problème de sécheresse avec leurs yeux. En fait, les scientifiques Eric Ponder et W.P. Kennedy, de l'Université d'Édimbourg, ont démontré, dans les années 20, que le fait de se trouver dans l'environnement extrêmement humide de la serre du département de botanique ou dans l'atmosphère extrêmement sèche d'un bain turc ne faisait aucune différence sur la fréquence des clignements d'yeux des sujets.

Ponder et Kennedy ont aussi tenté de déterminer si le sexe faisait une différence dans le fait de cligner. Ils ont découvert que, dans les tramways, les hommes clignaient des yeux toutes les deux secondes et demie, alors que les femmes clignaient toutes les six secondes.

Curieusement, les résultats étaient l'inverse dans une bibliothèque : alors que les femmes, là aussi, clignaient des yeux environ toutes les six secondes, les hommes avaient réduit leur rythme de façon spectaculaire, avec un clignement toutes les onze secondes. L'explication de ces observations par Ponder et Kennedy donne l'impression, d'une certaine manière, que l'Écosse des années 20 ne s'était pas encore mise à l'heure du mouvement féministe. Selon leur description, les femmes dans les tramways affichent un « manque d'intérêt évident à l'égard de leur environnement », alors que les hommes regardent par la fenêtre ou se regardent les uns les autres. Porter attention à un monde extérieur en constant changement correspond toujours, selon les auteurs, à un plus haut taux de clignements d'yeux. Dans la bibliothèque, les rôles sont inversés : les hommes font plus attention à ce qu'ils lisent, alors que les femmes sont distraites. En fait, Ponder et Kennedy suggèrent avec humeur que les femmes bougeaient tellement la tête et les yeux qu'il était difficile de compter leurs clignements.

Indépendamment de leur interprétation, les observations de Ponder et Kennedy ont pavé la voie à une investigation moderne du clignement d'yeux. En fait, les différences sexuelles qu'ils ont mesurées ne sont jamais réapparues dans des situations contrôlées. Mais ils ont mis le doigt sur quelque chose d'important, quand ils ont montré que différentes sortes d'activité mentale s'accompagnent de différents rythmes de clignement. La recherche, depuis, a ramené cette relation à une seule et simple règle : plus vous vous concentrez, moins vous clignez.

Cela a été démontré dans toutes sortes de situations. Les pilotes en simulation de vol, par exemple, coupent leurs clignements de moitié, quand ils laissent leur siège de copilote pour prendre le contrôle de l'appareil. Si le vol simulé est à basse altitude et à haute vitesse, tant le copilote que le pilote réduisent encore davantage leurs clignements. Les chauffeurs clignent moins dans la circulation urbaine que sur les autoroutes et cessent complètement de cligner en doublant des camions à haute vitesse. Même dans des situations sans danger apparent, la concentration réduit le nombre de clignements d'yeux. Le calcul mental ou la mémorisation de séries de nombres réduisent le clignement. Dans une conversation, vous clignez des yeux à un rythme normal, environ quinze fois par minute, mais vous passez à six clignements par minute quand vous lisez (et voilà pour le concept de conversation intense !).

Quand on y regarde de plus près, la lecture laisse entrevoir ce que signifie réellement cligner des yeux. Des études datant d'il y a plus de 40 ans ont démontré que les lecteurs clignent des yeux le plus souvent quand ils arrivent à une ponctuation ou à la fin de la page. En d'autres mots, à toute pause dans le courant d'information pénétrant dans le cerveau, il y a un clignement.

Un clignement d'yeux est le signe visible que le cerveau prend une respiration.

Cela ne se limite pas aux activités visuelles telles que la lecture. Les sujets qu'interrogent des chercheurs clignent très peu durant une question, ainsi que dans la courte période qui suit immédiatement, vraisemblablement parce qu'ils songent à la réponse. Dès qu'ils commencent à répondre, ils clignent des yeux, parfois à répétition. Dans une autre expérience, on a demandé à des gens de distinguer une tonalité musicale longue d'une tonalité courte. Ils clignaient habituellement des yeux quelque part après la fin de la tonalité courte, mais souvent en plein milieu de la tonalité longue. L'explication est simple : quand la tonalité courte s'arrête, un bref délai est nécessaire pour que le cerveau s'aperçoive qu'elle est terminée. Cette prise de conscience est alors marquée par un clignement. Mais dès que la tonalité dépasse une certaine longueur, le cerveau sait qu'il s'agit nécessairement de la tonalité longue et provoque le clignement avant même qu'elle soit terminée.

Ainsi, un clignement ne se produit qu'après que le cerveau a traité une certaine quantité d'information et, plus cette quantité est grande, plus le délai avant le clignement est long. S'il faut deux fois plus de temps pour se remémorer six nombres que pour deux, alors le clignement apparaîtra deux fois plus tard. Différents styles de clignements peuvent même révéler différents types de pensées. Des personnes qui font du calcul mental ne clignent qu'une seule fois, à la fin de leur calcul – c'est l'équivalent du chauffeur qui ne cligne pas tant qu'il surveille la route. D'autres clignent de façon répétitive en calculant, peut-être parce qu'ils solutionnent le problème une étape à la fois[1].

Mais pourquoi le clignement d'yeux refléterait-il ce qui se passe dans le cerveau ? Apparemment, ce n'est pas nécessaire : ces mêmes patients qui ne clignent qu'une ou deux fois par minute pensent parfaitement bien. Le clignement n'est pas une cause du processus de pensée, mais un résultat. Certains psychologues pensent que le clignement ne représente qu'un débordement de l'activité cérébrale. La vague de signaux nerveux qu'engendre la lecture ou la réflexion déborde, d'une manière ou d'une autre, dans les nerfs qui contrôlent les muscles des paupières, lesquels se contractent. On a aussi constaté que les gens à qui l'on demande de réciter l'alphabet tout bas ou de compter en silence de 100 en montant clignent beaucoup moins souvent que si on leur demande de faire les mêmes choses tout haut. D'une certaine façon, le fait de parler (sans changer de pensée) accroît le rythme de clignement, ce qui appuie l'idée d'une forme de débordement. Et, de fait, la zone

1. On a observé un perroquet qui réduisait son rythme de clignement de un clignement toutes les 17 secondes à un toutes les 25 secondes en écoutant un *fox-trot* – mais on ne sait toujours pas ce que cela signifie.

du cerveau qui dirige le mouvement des muscles des paupières est immédiatement adjacente à celle qui contrôle la langue et le visage.

La plupart des gens croient que l'anxiété augmente le rythme de clignement. L'ancien président des États-Unis Richard Nixon clignait deux fois plus souvent quand il répondait à des questions concernant Watergate que quand il répondait à des questions anodines. Lors des débats télévisés entre Michael Dukakis et George Bush, en 1988, les deux débatteurs clignaient plus souvent quand les questions leur étaient directement adressées. Mais ces découvertes sont rendues caduques par le fait que penser aussi bien que parler accroît de toute façon le rythme de clignement. Ponder et Kennedy, ces mêmes chercheurs qui, dans les années 20, ont été témoins de clignements d'yeux dans les tramways et les bibliothèques ont remarqué que les témoins, au tribunal, clignent plus rapidement (jusqu'à deux fois plus vite que d'habitude) lors du contre-interrogatoire. Mais des études plus récentes ont montré que des sujets passablement anxieux (parce qu'on les avait menacés d'électrochocs) ne clignaient pas plus rapidement. Et, même à supposer que l'anxiété joue un rôle dans l'augmentation du rythme de clignement, personne ne sait pourquoi il en serait ainsi.

L'autre croyance courante, au sujet du clignement d'yeux, c'est que cela révèle une certaine timidité face au danger. Deux ennemis sont face à face, le premier à cligner est le perdant, et le gagnant déclare : « Il a cligné ! » On utilise cette expression dans la description de confrontations entre individus ou entre superpuissances, et je crois que son origine est évidente. Une étude complète du clignement d'yeux chez les animaux a révélé que les carnivores, en moyenne, clignent moins souvent que les herbivores. Ou, si vous préférez, le prédateur cligne moins que la proie. L'une des explications avancées dans les années 40 est que la proie, qui doit continuellement scruter le paysage à l'affût du danger, change donc constamment le point et la direction de son regard, et cligne chaque fois qu'elle porte son attention ailleurs. Le carnivore, d'un autre côté, doit fixer son regard sur sa proie – sans cligner. Malheureusement, les vainqueurs de telles situations, dans la version humaine, tout en pavoisant parce que l'autre a cligné, oublient qu'un visage qui ne cligne pas sert de façade à un cerveau qui ne pense pas.

Une bouffée d'asperges

ON SE SOUVIENT de Babe Ruth pour ses prouesses comme frappeur (et comme lanceur), son goût pour les beuveries et les sauteries, et même ses bons mots. (Le meilleur, bien qu'il soit probablement apocryphe, fut servi en 1930. Se faisant dire qu'il avait gagné plus d'argent que le président Hoover, Ruth aurait répondu: « Pourquoi pas? J'ai connu une meilleure année que lui. ») Mais ce qu'on connaît moins de lui, c'est sa compréhension de la chimie physiologique. Pourtant, c'est bien le « Babe » qui, à un dîner chic, repoussa gentiment son assiette de salade d'asperges et, alors qu'on lui demandait s'il n'aimait pas ce plat, eut cette phrase immortelle, en choisissant bien ses mots pour convenir à l'élégance de l'occasion : « Oh ! ce n'est pas ça. C'est juste que l'asperge donne une drôle d'odeur à mon urine. » Le Babe n'était pas le premier à remarquer cet effet (qui avait été décrit dans une revue scientifique allemande en 1891), mais il fit sans doute plus que quiconque pour le porter à l'attention du public.

Ce qui est étrange, c'est que plusieurs des invités de cette réception ne pouvaient avoir la moindre idée de ce dont parlait le Babe, parce qu'ils ne l'avaient jamais expérimenté. D'un autre côté, certaines personnes (dont faisait partie le Babe, de toute évidence) n'ont qu'à manger deux ou trois pointes d'asperge pour qu'en moins d'une heure leur urine prenne une odeur âcre, inoubliable. Certains chercheurs l'apparentent à celle du chou en train de bouillir ou pourri. Les produits chimiques qui causent cette odeur ont été identifiés. Ce sont les composés à teneur de soufre sulfométhyle thioacrylate et sulfométhyle tri-(méthyle-thio) thiopropionate, lesquels sont apparentés à des substances appelées mercaptans, qui sont les composants clés d'odeurs aussi délicates que celles des légumes verts en pourriture, de l'haleine d'oignon et des tuyaux d'égout en mauvais état. Ces personnes à l'urine qui sent fort ont un gène qui permet à leur corps de produire ces deux composés chimiques pendant la digestion de l'asperge, bien qu'on ne sache pas exactement de quelle manière.

Les gens qui n'ont pas le gène ne produisent jamais ces composés chimiques et ne créent pas l'odeur.

Des familles ont été étudiées en détail. Les résultats montrent qu'on peut retrouver la trace du gène en question jusqu'à trois générations en arrière, et l'on croit qu'il pourrait remonter beaucoup plus loin encore, mais les membres de la famille qui pourraient le prouver ne sont plus vivants. Puisque nous héritons d'une copie de chacun de nos gènes tant de notre mère que de notre père, il est possible que nous ayons une simple ou une double dose du gène de l'« urine d'asperge ». Les parents qui ont chacun une copie du gène passeront ce trait, en moyenne, à trois enfants sur quatre mais, même dans ces conditions, le phénomène n'est pas très répandu dans la population en général. Des études portant sur 800 étudiants et membres du personnel en médecine de l'Université de Birmingham ont révélé que 43 p. cent d'entre eux avaient le gène, un chiffre qui correspond d'assez près au 40 p. cent d'une étude anglaise antérieure, datant des années 50. Si ces analyses génétiques sont correctes, environ 6 p. cent des gens devraient avoir deux copies du gène. Il est intéressant de noter que, dans l'étude de Birmingham, approximativement 6 p. cent des personnes étudiées avaient une urine que les auteurs de l'étude s'entendaient pour qualifier de « plus âcre que la majorité », ce qui n'est pas surprenant, quand on a deux gènes qui s'affairent à décomposer l'asperge.

Alors que, semble-t-il, à peine un peu moins de la moitié d'entre nous ont habituellement une urine qui sent après avoir mangé de l'asperge, on peut aussi croire que seulement une partie de la population peut la sentir. On a réalisé l'expérience suivante à l'Université hébraïque de Jérusalem. Un homme (qui, soit dit en passant, n'avait jamais senti l'odeur) a mangé 450 grammes d'asperge en conserve. Six heures plus tard, on a recueilli son urine, que l'on a répartie dans une série d'éprouvettes. On a ajouté des quantités diverses d'eau du robinet à toutes les éprouvettes, sauf une, ce qui donnait des teneurs variant de l'urine non diluée à une urine extrêmement faible, équivalant à 1 partie pour 4096. Des volontaires ont ensuite reniflé chaque éprouvette dans l'ordre, en débutant par celle qui contenait la solution la plus diluée, et indiqué à quel moment ils commençaient à sentir quelque chose.

Les résultats furent fascinants. Quelques personnes étaient absolument incapables de détecter la présence des produits de la décomposition de l'asperge dans l'urine, même non diluée. La majorité des gens sentaient quelque chose d'étrange, mais seulement quand la dilution était plus forte que 1 partie pour 16. Enfin, certaines personnes se distinguaient par leur capacité olfactive. Ils comptaient pour 10 p. cent du nombre total et pouvaient détecter l'odeur de l'asperge, même quand elle était diluée au point d'être invisible (insentable ?) aux autres personnes. Les auteurs de l'expérience en ont conclu que l'espèce humaine peut être divisée, *grosso modo*, en deux groupes : ceux qui peuvent et ceux qui ne peuvent pas. Dix p. cent des gens ont un nez extraordinairement sensible aux produits chimiques présents dans l'urine des personnes qui ont mangé de l'asperge. Les autres, tel le donneur de l'expérience, peuvent produire les composés chimiques, mais sont à peine capables de les sentir. (En passant, personne pour commencer n'a la moindre idée de la raison pour laquelle nous avons un gène qui produit cet effet.)

Évidemment, la plupart d'entre nous ont l'habitude d'uriner aux toilettes, dans une cuvette remplie d'eau, ce qui a pour effet de diluer instantanément l'urine de façon dramatique et de masquer l'odeur, sauf aux nez super sensibles. Ainsi, si vous pouvez le sentir, quand quelqu'un a mangé de l'asperge, vous faites presque certainement partie du groupe sélect des 10 p. cent qui ont pour cela un odorat très fin. Et, si vous produisez vous-même l'odeur, vous faites partie des 40 p. cent de la population qui en font autant. Si vous produisez et sentez l'odeur, alors vous pouvez vous vanter de partager avec le grand Babe Ruth un héritage génétique commun.

La science de la marche

LA MARCHE est l'une de ces choses que nous faisons automatiquement, comme manger ou respirer. Rien de plus banal ou ordinaire, mais il ne faudrait pas croire pour autant que la marche est simple. Marcher sur deux jambes est une manière extrêmement compliquée de se déplacer et, même si ça fait des millions d'années que nous avons adopté cette méthode, nous en ressentons toujours les effets.

Chaque pas normal implique un flot de petits trucs que nous accomplissons tout à fait inconsciemment. Êtes-vous même conscient de ce que vous faites pour vous mettre en marche à partir de la station debout ? Quand vous êtes debout sans bouger, vous êtes en parfait équilibre et vous ne pouvez avancer sans troubler cet équilibre. Votre premier mouvement consiste donc à relâcher les muscles de votre mollet, ce qui vous fait immédiatement briser votre équilibre. Comme vous vacillez vers l'avant, vous lancez vite une jambe en avant pour prévenir la chute et, alors, vous marchez. Une fois le talon de cette première jambe posé par terre, vous vous retrouvez en fait dans une position passablement stable, une jambe en avant, l'autre en arrière. Mais cela ne dure qu'un moment, car la jambe arrière pousse, le pied roulant de l'arrière vers l'avant, jusqu'à ce que, au dernier moment, tout le poids restant se trouve carrément sur le gros orteil[1].

Une fois que votre jambe arrière a quitté le sol, vous la balancez directement sous votre corps et vers l'avant (avec un minimum d'effort musculaire surprenant), tout en gardant le genou et la cheville légèrement courbés, de manière à ne pas frapper le sol au passage. Cette jambe alors prévient la chute, le talon absorbant

1. Si nous étions beaucoup plus lourds, le gros orteil ne pourrait pas prendre ce poids, et nous devrions marcher selon un modèle différent. Il est intéressant de noter que la personne qui a simulé (mais peut-être ne s'agit-il pas de fausses empreintes) les milliers de traces de pas de « sasquatch », dans les Rocheuses, a pris cela en considération et dessiné un pied qui semble – à partir des empreintes – pousser avec tous les orteils en même temps, ce que vous devriez faire si vous aviez le poids d'un sasquatch.

presque tout l'impact, pendant que l'autre jambe commence à pousser, remettant à nouveau tout le cycle en branle.

Les adultes de taille moyenne peuvent franchir tout au plus entre deux mètres et demi et trois mètres à la seconde, soit environ cinq ou six milles à l'heure. Cette vitesse est limitée non pas par la force des muscles, mais par la longueur des jambes. Des modèles mathématiques de la marche montrent que plus les jambes sont longues, moins est grand le mouvement vertical du torse pendant la marche et plus est grande la vitesse maximale. Voilà pourquoi les petits enfants doivent courir pour suivre leurs parents, et les personnes en béquilles peuvent marcher de façon étonnamment rapide – leurs « jambes » s'étendant de leurs aisselles au sol. Ceci explique aussi la démarche bizarre, toute en dandinement et en balancement, du marcheur olympique, qui lui permet d'aller 25 p. cent plus vite que le reste du monde. Son secret ? Il minimise le sautillement du torse, non pas grâce à des jambes plus longues, mais en courbant le dos et en balançant la hanche à chaque pas, ce qui lui permet de faire quatre mètres à la seconde au lieu de trois.

C'est en faisant en moyenne environ 100 pas à la minute qu'on consomme le moins d'énergie – aller plus vite exige trop d'énergie pour l'accélération de chaque pied partant de la position arrêtée, puis s'arrêtant en touchant à nouveau le sol. Pourtant des études sur les piétons urbains démontrent que les hommes font environ 110 pas à la minute, contre 118 pour les femmes. Il est évident que la pression de la grande ville oblige à sacrifier l'efficacité au profit de la vitesse.

Ce qui est remarquable dans tout ça, c'est de voir à quel point la marche est précaire. Vous passez les trois quarts de votre temps en équilibre sur une seule jambe – plus de temps encore si vous marchez vite – et, si vous réussissez à avancer, vous sautillez aussi (ce que montrent clairement des scènes cinématographiques de piétons se dirigeant vers la caméra), vous inclinant dangereusement vers l'avant, tout en vous renversant presque sur le côté. Vous-même n'êtes pas conscient que vous faites cela, et ce n'est pas évident non plus quand vous regardez quelqu'un d'autre marcher, car vous êtes distrait par le balancement des bras et des jambes. Mais, si vous pouviez juste vous concentrer sur le torse d'un piéton, vous le verriez se balancer de haut en bas, d'un côté à l'autre. Et curieusement votre tête, même à son point le plus élevé, n'est jamais tout à fait aussi haute quand vous marchez que quand vous êtes arrêté. Vous pourriez passer dans un tunnel qui fait exactement votre taille, sans jamais vous frapper la tête.

Même votre mouvement vers l'avant est irrégulier, ralentissant et accélérant tour à tour. Pour vous en convaincre, pensez à ce qui arrive quand vous essayez de marcher en tenant dans vos mains un plateau rempli d'eau: celle-ci clapote d'un bout à l'autre du plateau, parce que votre vitesse n'est pas constante. Quand votre jambe est en avant, elle vous ralentit en fait ; elle ne vous aide à accélérer que quand elle est en arrière et pousse sur le sol. Ce qui nous garde debout, pendant tout ce mouvement de haut en bas et d'avant en arrière, c'est la contraction et le relâchement subtils des bons muscles au bon moment.

Par exemple, dès l'instant où une jambe quitte le sol pour passer vers l'avant, votre corps tend à tomber du côté laissé sans soutien et évite la chute seulement grâce à deux membres de la famille des muscles du fessier. Le petit et le moyen fessiers du côté gauche se contractent quand votre jambe droite ne touche plus le sol, raidissant ainsi votre côté gauche et vous empêchant de tomber vers la droite. En même temps, votre bassin se tourne légèrement, accroissant la longueur de l'enjambée. Les femmes doivent tourner leur bassin un petit peu plus pour obtenir une plus grande enjambée, car leurs hanches n'ont pas la même portée vers l'avant que celles des hommes. Ceci, bien sûr, conduit à une démarche féminine distincte, d'un intérêt particulier pour les spécialistes de la biomécanique et pour les fabricants de blue-jeans.

Le plus célèbre de cette famille de muscles, le grand fessier, non seulement donne aux fesses leur forme propre, mais nous empêche de trébucher, en se contractant et en nous retenant à la verticale, surtout quand nous montons un escalier ou escaladons une côte en courant. La tendance à trébucher est très limitée sur une surface plate, situation dans laquelle le grand fessier a très peu d'importance – on peut marcher presque normalement, même quand ce muscle est paralysé. Le grand fessier est le plus gros muscle du corps et illustre parfaitement la complexité de la transition entre la marche à quatre pattes et la marche sur deux jambes. Les chimpanzés et les gorilles, nos plus proches parents encore vivants, ont aussi le grand fessier, mais ce muscle, chez eux, est relativement peu important, car ces animaux sont des quadrupèdes et n'ont pas à stabiliser leur torse à la verticale sur deux jambes. (Et les fabricants de blue-jeans ne s'intéressent pas aux chimpanzés et aux gorilles.)

Même s'il faut énormément de changements pour faire d'un quadrupède un bipède, il est clair que le processus a commencé il y a très longtemps. Les indices les plus anciens nous viennent d'Afrique. Le squelette du petit hominidé trouvé en Éthiopie, auquel on a donné le nom de Lucy, a environ trois millions d'années et comporte déjà toutes les adaptations permettant à la petite femme-singe de marcher debout. Elle n'est pas entièrement moderne pour autant, certains anthropologues voyant dans ses orteils courbés l'indice qu'elle s'adonnait probablement encore à l'escalade, mais il ne fait aucun doute qu'elle est sur la bonne voie. En 1977, Mary Leakey, épouse du célèbre anthropologue Louis Leakey, mère du célèbre anthropologue Richard Leakey, et célèbre anthropologue elle-même, annonçait la découverte, dans de la cendre volcanique en Tanzanie, de deux séries d'empreintes de pas, vieilles de 1,75 million d'années et comportant tous les traits caractéristiques d'empreintes qu'auraient laissées des créatures marchant debout.

Pourquoi en sommes-nous venus à marcher debout ? La question reste entière, mais la plupart des théories, aujourd'hui, partent de l'idée que le plus important était de libérer les mains. Il y a plusieurs variations sur ce thème : des hominidés sur deux jambes pouvaient transporter leurs petits et ainsi devenir nomades et exploiter de nouvelles sources de nourriture ; des mâles sur deux jambes pouvaient rapporter de la nourriture aux femelles, lesquelles, libérées de la responsabilité de ramasser de la nourriture, pouvaient passer plus de temps à avoir des petits. Mais ce ne sont pas là les seules explications de notre « bipédie ». Une théorie récente veut même que nos ancêtres se soient levés pour se refraîchir. En se tenant debout, ils offraient au soleil une surface moindre et absorbaient ainsi 60 p. cent moins de chaleur.

Peu importe la raison pour laquelle nos ancêtres se sont levés, nous payons toujours le prix de ce geste, quelque 3,75 millions d'années plus tard. Le problème, c'est que nous utilisons, pour marcher debout, un squelette construit pour les déplacements sur quatre pattes. Et il n'est pas nécessaire d'aller à Olduvai Gorge pour mettre au jour des indices du passage de quatre à deux pattes : il suffit d'observer votre propre corps, affaissé dans un fauteuil. Vous avez des problèmes de pieds plats ou d'affaissement de la voûte plantaire ? Voilà ce qui arrive quand on tente de porter tout le poids du corps sur deux pieds. Des maux de dos ? Les créatures à quatre pattes n'ont pas de tels problèmes, étant construites de manière à ce que leur poids soit réparti également le long de leur « colonne » vertébrale. Mais mettez cette colonne debout, et vous aurez des disques qui se déplacent sous la pression et un torse qui vient s'appuyer sur des os pelviens n'ayant jamais eu à soutenir aucun poids auparavant. Vous souffrez d'une hernie ? Cela ne vous serait pas arrivé à quatre pattes, vos organes internes étant suspendus à l'horizontale, à partir de votre colonne vertébrale. Vous avez des hémorroïdes ? Si ces vaisseaux sanguins sont congestionnés, c'est qu'ils ont été retournés, dans le passage de quatre à deux pattes.

Il est drôle qu'après des millions d'années passées à marcher nous n'ayons toujours pas appris à le faire correctement. Nous nous balançons, nous oscillons et nous penchons vers l'avant, taxant ainsi des corps qui n'ont jamais vraiment été conçus pour se tenir debout. Dans la même période de temps, la taille de notre cerveau a triplé ou même quadruplé, nous permettant de créer le langage, la culture et la civilisation. La marche debout a précédé (Lucy avait un cerveau de la taille de celui d'un chimpanzé, mais elle avait pratiquement une démarche moderne) et a probablement joué un rôle important en permettant aux mains de manipuler des objets et de travailler avec un cerveau capable d'une croissance incroyable. Peut-être la marche était-elle une sorte de solution évolutive toute prête au problème que représentait le fait d'avoir à libérer les mains, une solution qui, une fois le changement accompli, ne fut jamais mise au point. Vous avez là matière à réflexion, la prochaine fois que vous irez faire une promenade : vous devez sans doute votre gros cerveau à ce mode de transport imparfait, mais unique.

L'essaim

IL EST tard, une journée d'été, et c'est le crépuscule. Sur le trottoir, devant vous, plane une nuée d'insectes. Le nuage, ou essaim, est lui-même pratiquement immobile, bien que chaque insecte se meuve sans arrêt de haut en bas et d'avant en arrière. Mais que diable font ces insectes? La réponse est simple. Ils n'ont qu'une seule raison de se trouver là: l'accouplement.

Les essaims sont presque toujours des rassemblements de mâles, qui planent ensemble au-dessus d'un point de repère bien en vue, attendant l'arrivée de femelles. Toute femelle désirant s'accoupler trouve l'essaim, s'y introduit, est saisie par un mâle, et les deux tombent au sol, dans les pattes l'un de l'autre. Une étude du sexe des insectes attrapés en un coup de filet au milieu d'un essaim dit tout: des chiffres tels que 700 mâles pour aucune femelle, ou 4300 mâles pour 22 femelles sont caractéristiques. (On peut supposer que ces 22 femelles venaient juste d'arriver et se cherchaient un mâle.) L'essaimage n'est pas universel, mais des insectes minuscules, tels les divers moucherons, moustiques et autres cousins, ou les éphémères et les taons, beaucoup plus gros, forment tous des essaims pour mâles seulement. Ils rendent sans doute possibles des accouplements réussis, pour les deux sexes: un minuscule insecte mâle, solitaire, draguant sans but, aurait sans doute peu de chances de rencontrer une femelle, alors que, s'il fait partie d'un essaim, les femelles peuvent le trouver. Quant aux femelles, chercher l'essaim vaut certainement mieux que de battre les buissons à la recherche d'un mâle. Mais le fait de savoir pourquoi les insectes mâles forment des essaims ne fait que soulever davantage de questions. Comment les mâles choisissent-ils l'endroit où essaimer? Qu'est-ce qui conserve sa cohésion à l'essaim? Quand vous vous trouvez parmi des centaines de mâles cherchant à s'accoupler, le bon vieux credo immobilier de l'emplacement entre en ligne de compte: si vous attendez qu'une femelle se présente, à quel endroit de l'essaim serez-vous le mieux placé pour attendre?

Les essaims planent toujours *au-dessus* de quelque chose. Ce peut être tout simplement un morceau de tissu blanc au sol ou une pierre du patio. Les mâles se placent au-dessus, face au vent, et adoptent un plan de vol simple, qui leur permet de conserver à peu près la même position. Des essaims peuvent se former au-dessus de cheminées, au bout de branches d'arbres, au-dessus de poteaux électriques, de barils d'acier, de bouses de vache, et même au-dessus d'êtres humains. L'entomologiste américain Frederick Knab a décrit, en 1906, comment il était entré dans un champ où des essaims de moustiques mâles s'étaient formés au-dessus de chaque plant de maïs, et comment un essaim s'était aussitôt formé au-dessus de sa tête. Quant à moi, j'en ai déjà vu un, à Vancouver, planant au-dessus d'une canette vide de bière Foster. En 1807, dans la ville allemande de Neubrandenburg, un immense essaim se forma au-dessus du clocher de l'église Sainte-Marie, laquelle à l'époque servait de poudrière. La nuée sombre, en forme de colonne, ondulait doucement au vent, comme de la fumée s'échappant d'une cheminée. Si bien que bon nombre d'habitants décidèrent de se réfugier dans les collines. Cependant, comme la « fumée » ne se dispersait pas, quelqu'un escalada le clocher et découvrit la vérité.

Le point de repère, qu'il s'agisse d'une canette de bière ou de votre tête, joue un rôle crucial dans la cohésion de l'essaim. Plutôt que de chercher à maintenir une distance égale entre eux, comme s'ils étaient membres d'un groupe d'aérobic volant, les mâles s'ignorent les uns les autres et prêtent plutôt attention au point de repère au-dessous d'eux, se maintenant habituellement au-dessus du côté de l'objet qui fait face au vent. On peut démontrer à quel point ils ne sont pas en contact les uns avec les autres en amenant un essaim à se former au-dessus d'un drap blanc sur le sol, par exemple, puis en coupant le drap en deux et en répétant sans cesse l'opération avec les morceaux. Si l'opération est répétée assez souvent, on peut réduire l'immense nuée d'insectes originale en une multitude d'« essaims » de un insecte, chacun planant au-dessus de son fragment du point de repère original, apparemment inconscient du fait qu'il est maintenant seul. Évidemment, ils doivent bien prêter *un peu* attention aux autres, ne serait-ce que pour éviter les collisions et, naturellement, surveiller l'arrivée de nouvelles femelles, mais ce qui semble être un groupe à l'activité bien coordonnée n'est en fait qu'une bande de mâles solitaires.

Si l'on sait tout ça des essaims, il reste quand même de nombreux mystères. Une espèce de moucheron – minuscule insecte qu'on oublie facilement... jusqu'à ce qu'il pique – forme non pas un mais *deux* essaims au-dessus d'une bouse de vache. L'un des deux essaims est une colonne, un ou deux mètres au-dessus du sol, au centre de la bouse. L'autre essaim, directement en-dessous, est une sphère qui plane, à peine 15 centimètres au-dessus de la fiente. Pourquoi deux ? La même chose se produit avec certains moustiques qui planent au-dessus d'êtres humains : un essaim en forme de crêpe s'assemble juste au-dessus de la tête, et une colonne distincte se forme au-dessus du premier essaim. On croit que les mâles de la section en forme de crêpe attendent les femelles qui s'amènent pour souper au lobe d'oreille ou à la nuque (ou, de la même manière, à la bouse de vache, dans le cas des femelles de moucherons de l'exemple précédent). Mais pourquoi les autres mâles se mettent-ils en frais de former une colonne au-dessus, un emplacement qui semble moins souhaitable ? Occuperaient-ils dans l'essaim l'équivalent de la classe économique ? Personne n'en sait trop rien.

Les insectes mâles vivent pour l'accouplement, et ceux qui forment des essaims reflètent cette réalité jusque dans la manière dont ils sont bâtis, c'est-à-dire en fonction de la détection des femelles. Les moustiques mâles constituent un bon exemple[1]. Ils ressemblent aux

1. Les moustiques mâles peuvent se poser sur votre peau et s'y promener, mais ne piquent jamais. Ils passent doucement leur vie à boire le nectar des fleurs. Mais la femelle, elle, si elle a le choix entre du nectar et du sang, optera *toujours* pour le sang. Même les pattes amputées, les femelles planeront au-dessus de la peau, cherchant à la percer. Une fois qu'elles ont bu tout leur soûl, leur ventre dilaté fait pression sur des fibres nerveuses, qui communiquent avec le cerveau et déclenchent la libération d'hormones de maturation des œufs.

femelles, sauf pour les belles antennes duveteuses et «plumeuses» qui pointent de leur tête. Composées d'une tige centrale aux multiples branches latérales, très fines, ces antennes servent à écouter et captent spécifiquement le son des femelles; le même bourdonnement strident qui vous rend fou juste au moment de vous endormir, au chalet, attirera tous les moustiques mâles à la ronde. Des expériences ont montré, il y a des décennies, qu'on peut obtenir le même résultat grâce à un diapason que l'on fait vibrer devant des moustiques mâles en cage. Leurs antennes vibrent au même diapason (ou à celui du bourdonnement des ailes d'une femelle), et des capteurs de tension, situés à la base des antennes, enregistrent cette vibration, qu'ils transmettent au minuscule cerveau du mâle. Leurs antennes arrachées ou immobilisées, les mâles sont sourds au son de la femelle. Quand une femelle entre dans un essaim, le son de ses ailes attire immédiatement les mâles vers elle. Vous-même pouvez attirer un essaim de moustiques mâles, si vous fredonnez ou chantonnez la bonne note. (Un naturaliste assistant à un concert en plein air fit l'expérience déconcertante d'un essaim se dardant sur son visage chaque fois que l'orchestre jouait un *la* !)

Les antennes duveteuses ne sont pas la seule particularité d'ingénierie à la disposition des mâles qui essaiment. La mouche noire et le taon, qui reconnaissent les femelles à la vue, ont des yeux spécialement adaptés. L'œil d'insecte typique est un hémisphère protubérant, parsemé également de facettes individuelles, qui produisent chacune une image distincte.

Mais les mouches et les taons qui essaiment ont une exigence particulière : ils attendent qu'une femelle entre dans l'essaim au-dessus et en avant d'eux. Au lieu des yeux de mouche habituels, ces mâles ont une paire d'yeux qui sont semblables aux lunettes de soleil des aviateurs : séparées en bas, jointes en haut. Et les facettes de la partie supérieure sont beaucoup plus grosses que celles du bas. Il semble que la partie inférieure de l'œil de ces mouches mâles veille au quotidien, alors que la moitié supérieure est adaptée de manière à balayer tout l'espace au-dessus et devant, surveillant l'apparition soudaine d'une femelle volant rapidement. Étant donné que son image minuscule traverse l'œil d'une facette à l'autre en un éclair, des facettes plus grandes et moins nombreuses sont préférables, afin de donner du temps au cerveau pour la résolution et l'identification de l'image.

Mais la détection d'une femelle ne représente qu'une partie de la bataille. Il ne suffit pas d'être bien équipé pour pouvoir la repérer, il faut aussi être le premier à la trouver, et les fractions de seconde sont parfois cruciales. Certains endroits, dans l'essaim, sont donc sûrement préférables : si, comme c'est le cas de beaucoup d'espèces, les femelles entrent habituellement dans un gros essaim par le bas, il n'est sans doute pas très bon de planer près du sommet de l'essaim. Des études sur un insecte appelé *lovebug*, et qui vit au sud des États-Unis et au Mexique, ont démontré qu'il y a bel et bien ségrégation dans l'essaim : les gros en bas, les petits en haut. On croit généralement que les gros mâles obtiennent ce qu'ils veulent (ils sont les vainqueurs habituels de duels que se livrent souvent les mâles pour les femelles). Le bas de l'essaim est donc sûrement un meilleur emplacement. Peut-être y est-il plus facile de scruter le terrain de tous côtés et d'être prêt à aller au devant d'une femelle dès l'instant où elle s'élève du sol.

Ce serait toutefois une erreur de croire que les gros mâles ont toujours l'avantage dans un essaim. La nature n'est jamais aussi claire et prévisible. Le scientifique Athol McLachlan, de l'Université de Newcastle-sur-Tyne, en Angleterre, a fait le tri, parmi des moucherons attrapés au filet, de tous les couples en train de copuler et a observé que certains des partenaires mâles, dans ces couples, étaient étonnamment petits. Plus surprenant encore, ces micro-mâles sont *toujours* avec une femelle. Pourquoi n'ont-ils pas été intimidés et chassés par les plus gros moucherons ? McLachlan n'a pu que supposer que leur petite taille en fait sans doute de grands acrobates – leurs courtes ailes, tels des skis plus courts, leur permettent de faire des boucles et des piqués, de battre leurs plus gros rivaux à plate couture et d'atteindre les femelles les premiers. La morale de cette histoire, c'est que la route du succès, pour les mâles qui essaiment, n'est pas la même pour tous.

Tout n'est pas rose dans cette histoire. À frayer ainsi avec ses rivaux en de gros groupes bien visibles, on s'expose à certains dangers. Libellules et chauves-souris ont appris à voir dans un essaim qui contient des milliers d'insectes stupides, aussi petits soient-ils, un repas commode à emporter. Mais les mâles qui essaiment peuvent connaître un autre genre de mort, particulièrement horrible.

Certains moucherons femelles pénètrent dans l'essaim à la recherche non pas d'un mâle, mais d'un mets. Plusieurs de ces femelles ne font pas plus de deux millimètres de long. Elles entrent directement dans un essaim de mâles d'une autre espèce – des mâles tantôt de leur taille, tantôt beaucoup plus gros qu'elles –, s'arrêtent brusquement et se mettent à planer doucement, d'avant en arrière, à l'intérieur de l'essaim. Les mâles ne réagissent pas, absorbés qu'ils sont tous par leur petite danse individuelle. À la longue, cependant, un mâle finit par s'approcher un peu trop, à deux ou trois centimètres sous la femelle. Celle-ci se laisse tomber comme une pierre sur le mâle, tous les deux croulent au sol, où la femelle enfonce sa trompe dans la tête du mâle et se met à lui sucer tout son jus. De telles femelles se rendront même parfois au-dessus d'un éventuel point de repère, attendant patiemment en planant que se présentent des mâles inconscients. Ceux-ci sont habituellement faciles à attraper, car ce qu'ils s'attendent à trouver, c'est une femelle pour s'accoupler, pas un bombardier vampire.

Il y a un dernier chapitre à cette histoire de femelles qui se délectent des essaims des autres. Après avoir tué plusieurs mâles d'une autre espèce, ces femelles vont ensuite s'accoupler dans des essaims de mâles de leur propre espèce. Le hic de leur destin, c'est que, contrairement à la plupart de leurs cousins, ces mâles ne possèdent pas d'antennes duveteuses leur permettant de percevoir le son de la femelle qui entre dans l'essaim. Pas plus qu'ils n'ont des yeux d'aviateurs. Ils sont aveugles et sourds à son arrivée, mais c'est sans importance, puisque dans ce cas c'est *elle* qui les cherche, et non le contraire. La femelle exécute simplement la même routine que pour se nourrir: elle entre dans l'essaim et attrape un mâle. Cette fois, cependant, alors qu'ils tombent au sol, le mâle parvient à inséminer la femelle pendant qu'elle le vide de tout son jus. Quand tout est terminé, la femelle se débarrasse de la carcasse desséchée du mâle et s'en va pondre ses œufs. Pourtant, parfois, un signe révèle ce qui s'est passé: la femelle s'envole, retenant attachés à elle les organes génitaux du mâle. Dans le fond, pour les mâles, c'est tout ce qui compte.

L'ours en peluche et l'évolution

ON IMAGINE difficilement un enfant grandissant sans un ours en peluche à câliner. Mais celui-ci est en fait d'apparition relativement récente, étant une créature du XXᵉ siècle. Pourtant une étude attentive du nounours révèle que, même dans une période aussi courte, l'animal a constamment changé de forme, et de façon spectaculaire. Dans un monde où l'évolution se mesure en millions d'années, c'est là un développement remarquable. C'est ce que démontre un article publié dans la revue scientifique *Animal Behavior* par deux biologistes de l'Université Cambridge, Robert Hinde et L.A. Barden, qui ont fait leur découverte en examinant tous les ours en peluche d'une exposition du Cambridge Folk Museum.

Appelé en anglais *teddy bear*, l'ours en peluche tient ce nom du président américain Teddy Roosevelt. En novembre 1902, Roosevelt s'était rendu au Mississippi pour régler une querelle frontalière entre la Louisiane et le Mississippi. Il profita de ce séjour pour chasser un peu, mais sans succès. Le dernier jour, quelqu'un produisit un pitoyable petit ours, attaché, et apparemment encouragea le président à tirer. Le président aurait alors dit : « Il y a une limite. Si j'abattais ce petit, je ne pourrais plus regarder mes propres garçons en face. » Le lendemain, dans le *Washington Post*, parut un dessin humoristique, intitulé « Il y a une limite au Mississippi », qui montrait le président refusant de braquer sa carabine sur l'ourson attaché. Le dessin avait une implication politique – le président hésitait à user de son pouvoir présidentiel dans ce qui était essentiellement un problème local –, mais c'est l'ours de Teddy qui est devenu célèbre. Même si les ours anthropomorphes étaient déjà des sujets populaires dans les histoires enfantines, cet incident incita les fabricants de jouets à entreprendre la production de la version en peluche. Moins de cinq ans après le voyage de Roosevelt en Louisiane, les « teddies » inondaient le marché.

Selon les docteurs Hinde et Barden, les ours en peluche, dans les premiers temps, ressemblaient à de vrais ours et avaient le front bas et un long museau. Mais la forme de cette tête a changé graduellement, et les yeux de l'ours en peluche ont glissé de plus en plus bas dans le visage. Pendant ce temps, le museau se rétrécissait, mais les auteurs notent que ce changement était plus ou moins complet dans les années 30. L'ours en peluche d'aujourd'hui est un animal au front haut et au museau court, passablement différent de son ancêtre du Mississippi.

Il y a, dans cette étude, un nounours de 1916 qui représente un spécimen particulièrement fascinant. Celui-ci avait déjà à cette date précoce la tête et les proportions de l'ours en peluche moderne. Les évolutionnistes en sont réduits aux conjectures sur les raisons qui ont conduit à la disparition de cette lignée, bien qu'elle annonçât ce qui allait venir.

L'ours en peluche n'est pas le seul animal à avoir évolué à une vitesse spectaculaire au fil des décennies. Stephen Jay Gould, scientifique de Harvard et auteur, a fait remarquer il y a quelques années à quel point la souris Mickey avait changé depuis son introduction à la fin des années 20. Ses yeux sont devenus beaucoup plus gros, son museau s'est épaissi (et paraît donc plus court) et ses oreilles se sont déplacées vers l'arrière, faisant apparaître son front plus haut. Ces changements sont semblables à ceux qui ont été constatés chez l'ours en peluche, bien qu'il s'agisse de deux espèces sans aucun lien de parenté (les lignées ancestrales de l'ours et de la souris s'étaient déjà séparées alors que les dinosaures n'avaient pas encore disparu), mais ayant des habitudes très différentes. L'ours et la souris ont cependant un trait commun remarquable : leur existence même dépend de leur aptitude à charmer les humains.

Qu'est-ce qui charme les humains ? Le prix Nobel et expert en comportement animal Konrad Lorenz a, le premier, fait remarquer que les adultes sont sensibles à certains types de traits faciaux et crâniens chez d'autres humains et même chez les animaux, des traits qui incitent les humains qui les voient à l'affection et à l'éducation. Parmi ces traits, on retrouve une grosse tête, un front haut, des grands yeux, disposés bas dans le visage, des joues bien rondes, des bras courts et potelés et des mouvements gauches. Autrement dit, tout ce qu'ont les bébés humains, et aussi les chiots, les chatons et d'autres petits d'animaux. Le genre de traits qui déclenchent des réactions telles que : « Oh là ! là ! Comme il est mignon ! » Les chances de survie d'un bébé sont, bien entendu, meilleures si ses traits physiques font naître des sentiments de protection et d'amour parentaux.

Pour tester en laboratoire l'hypothèse de Lorenz, on a montré à des étudiants de l'Université de l'État de New York, à Stony Brook, des diapositives de dessins de visages humains qu'on leur a demandé d'évaluer d'après une échelle de 1 (peu attrayant) à 7 (mignon). Les visages eux-mêmes différaient par l'emplacement ou la dimension des traits faciaux. Les yeux, le nez et la bouche pouvaient être situés vers le bas du visage, laissant un front très haut, ou au contraire en haut du visage, ce qui donnait un énorme menton. Les yeux variaient en largeur et en hauteur, et même dans le diamètre de l'iris. On ne changeait qu'un trait par diapositive, obtenant ainsi une quantité incroyable de visages. Pourtant, il y en a un qui ressortait de l'évaluation: un visage de bébé, comportant tous les traits prédits par Lorenz, c'est-à-dire de grands yeux, situés bas dans le visage et exposant un front haut.

L'ours en peluche et la souris Mickey, pour s'assurer une place dans le cœur des humains, ont tous deux évolué vers des traits de plus en plus infantiles. Ce procédé, bien connu des milieux zoologiques, s'appelle la néoténie. Toute espèce qui évolue de cette manière prolonge son stade juvénile, retardant ainsi l'arrivée de la maturité, de sorte que les adultes d'aujourd'hui ressemblent aux jeunes des générations passées[1]. On retrouve la néoténie dans des organismes aussi divers que la salamandre, qui atteint parfois la maturité

1. De fait, les humains ont évolué selon ce même procédé. Nous avons commencé à ressembler à des humains plutôt qu'à des singes en ralentissant notre développement et en conservant jusqu'à l'âge adulte des caractéristiques physiques du fœtus ou de l'enfant. Un humain adulte ressemble beaucoup plus à un fœtus de chimpanzé qu'à un adulte chimpanzé. Nous ressemblons probablement aussi beaucoup plus à un fœtus d'*Homo erectus* qu'à un adulte de cette catégorie. On pourrait facilement imaginer que, si la tendance se poursuit, les futurs humains adultes auront le visage encore plus plat et la tête encore plus grosse, par rapport au corps, comme les fœtus des humains modernes.

sexuelle sans perdre ses branchies, et les fleurs. Une espèce de pied d'alouette a tellement ralenti son développement que la fleur adulte ressemble davantage aux bourgeons d'autres espèces. Cette fleur juvénile, ressemblant à un tube, se prête bien à la pollinisation par les oiseaux-mouches, ce qui avantage tant la plante que l'oiseau.

Comme le font remarquer Hinde et Barden, on constate d'autres changements physiques intéressants chez le nounours, au fil des ans. L'un des spécimens, apparu dans les années 20, était frappant par son petit cerveau ; selon les mesures, il n'y avait qu'une très courte distance entre ses yeux et le dessus de sa tête. De telles données anatomiques appuient le comportement généralement bien documenté de cet ours, alors que de nombreuses observations sur le terrain témoignent du manque d'intelligence apparent de l'animal. Cet ours, c'est Winnie l'ourson.

Cette étude constitue une étape importante de la paléoanthropologie. Hinde et Barden ont été en mesure de retracer l'évolution du nounours en détail, à partir de sa première apparition dans les documents fossiles jusqu'à sa forme moderne – rarement une documentation aussi complète fut-elle disponible. Leurs données confirment la supposition lorenzienne selon laquelle l'évolution favorise les fronts hauts et les museaux courts afin d'encourager un comportement parental éducatif. Et, ce qui est le plus important, tout nounours découvert lors de fouilles dans des maisons de campagne ou des greniers, et à ce jour non classé, peut être placé à l'endroit approprié, dans l'arbre généalogique des ours en peluche, simplement par le calcul des dimensions de son crâne.

Les visages de la mémoire

REPRÉSENTEZ-VOUS un visage que vous connaissez vraiment bien ; quelqu'un de votre famille, un ami ou même quelqu'un de célèbre. De quoi au juste vous souvenez-vous dans ce visage ? D'un trait particulier, comme le nez, le front ou la bouche, ou vous rappelez-vous le visage tout entier ? Les psychologues, aujourd'hui, seraient fort embarrassés de vous dire laquelle de ces deux stratégies distinctes – ou toute autre stratégie – nous utilisons pour reconnaître les visages, même si c'est là quelque chose que nous faisons constamment dans notre vie quotidienne.

Même les bébés âgés d'à peine quelques *minutes* passeront plus de temps à observer et à suivre les mouvements d'une structure ressemblant à un visage que ceux de toute autre structure, peu importe qu'il s'agisse simplement de deux petits carrés pour les yeux et d'un autre petit carré pour le nez. Ceci démontre sûrement à quel point il est essentiel pour les humains de reconnaître les visages. Si vous mélangez ces trois simples traits – placez par exemple le nez sur le côté et les yeux l'un pardessus l'autre –, le bébé perd intérêt. Cette capacité précoce à reconnaître les visages n'est pas très raffinée, car, si le visage cesse de bouger, le bébé perd vite intérêt. Après deux ou trois mois, cependant, les bébés ont un système qui fonctionne mieux et ils préféreront un vrai visage à un visage brouillé, même s'il ne bouge pas.

Quand ils ont appris à marcher, les enfants deviennent plus habiles à se rappeler les visages, mais même les six à huit ans sont facilement trompés par des déguisements tels les perruques ou les verres (en fait, des études démontrent que les adultes ne reconnaîtront pas non plus un visage qu'ils ont déjà vu brièvement, si ce visage porte des verres). Les enfants ne se laissent pas tromper par des camarades de classe qui portent des chapeaux et des verres mais, s'il s'agit de visages qui ne leur sont pas familiers, ils porteront davantage leur attention sur les accessoires que sur le visage lui-même. Les enfants de cet âge réussissent à peu près aussi bien, dans des tests de reconnaissance des visages, que des adultes ayant subi des dommages à l'hémisphère droit du cerveau – la zone où se fait une bonne partie de la reconnaissance faciale.

Parmi les faits les plus étranges, on observe qu'à l'adolescence, quelque part entre onze et quatorze ans, l'habileté à reconnaître les visages s'effondre soudainement et, pendant deux ans, soit se détériore ou au mieux se stabilise, avant de commencer à s'améliorer de nouveau. Il n'a pas encore été établi clairement pourquoi il en est ainsi. On a aussi fait une autre découverte curieuse : alors que nous devenons plus habiles à reconnaître les visages en mûrissant, même adultes nous ne valons guère mieux que des enfants d'âge préscolaire pour reconnaître les visages la tête en bas. L'une des explications possibles est que, arrivés à l'âge adulte, nous avons programmé notre cerveau pour reconnaître les visages à l'endroit, un programme qui ne prend tout simplement pas les visages renversés. Les enfants d'âge préscolaire, quant à eux, n'ont pas encore perfectionné leur habileté à reconnaître quelque visage que ce soit, de sorte qu'un visage à l'envers ne leur est pas aussi étranger qu'il l'est pour un adulte.

Une étude effectuée dans les années 70 révèle jusqu'à quel point nous pouvons nous rappeler les visages. Dans cette étude, on montrait à des gens cinq visages tirés d'annuaires de l'époque où ils étaient au collège et on leur demandait d'indiquer la personne qui avait été leur camarade de classe. Même les gens qui avaient quitté l'école 35 ans auparavant étaient capables de reconnaître leur camarade de classe dans 90 p. cent des cas, ce qui est un chiffre renversant (et qui montre que tous les nouveaux visages appris dans l'intervalle n'avaient pas brouillé les souvenirs originaux). Ce taux de reconnaissance tombait à environ 75 p. cent pour les gens qui avaient quitté l'école 40 ans auparavant. Ce qui est remarquable, c'est qu'il devait s'écouler 50 ans après la remise des diplômes, pour que l'habileté à reconnaître les visages de camarades de classe ne commence à décliner de façon significative. De même, la taille de l'école n'avait aucune importance ; qu'il y eût 100 ou 800 étudiants, les résultats étaient à peu près identiques.

Cette étude a aussi démontré à quel point il est beaucoup plus facile de se rappeler un visage du passé qu'un nom. Même des diplômés récents (trois mois à peine) n'arrivaient à nommer en moyenne que 15 p. cent de leurs camarades, peu importe le nombre d'étudiants avec qui ils avaient été à l'école. Ce taux tombait à 9 p. cent pour les gens qui avaient quitté l'école 40 ans auparavant. Et que dire de cette observation étrange ? Tant les hommes que les femmes se rappelaient deux fois plus de noms de garçons que de filles !

Le principal problème de la recherche sur la reconnaissance des visages est de déterminer ce qui attire notre attention. Certains traits se prêtent-ils plus que d'autres à la reconnaissance ? Un exemple typique de la manière dont les psychologues tentent de s'attaquer à ce problème est une étude britannique dans laquelle on demandait à 40 sujets de faire par écrit la description de dix visages dont ils avaient sous les yeux une photographie en noir et blanc. Les auteurs de l'expérience (ou plus vraisemblablement des étudiants de troisième cycle travaillant pour eux) ont épluché les 400 descriptions, en notant la fréquence à laquelle chaque trait du visage était mentionné. Puis on a fait une deuxième expérience, n'utilisant la photographie en couleur que de deux visages. On demandait aux sujets de n'en décrire qu'un seul, immédiatement après l'avoir vu, l'autre devant être décrit après une heure, un jour ou une semaine. Même si ces deux expériences étaient passablement différentes, les résultats furent presque identiques : le trait le plus souvent cité était les cheveux, suivi des yeux, du nez, de la structure faciale et des sourcils (tous des traits situés dans la partie supérieure du visage), puis le menton, les lèvres, la bouche, le teint et les joues. Si cet ordre représente effectivement des degrés d'importance dans la reconnaissance, alors Lone Ranger était vraiment sage de porter un chapeau et un masque, cachant ainsi ses cheveux, ses yeux, ses sourcils et presque tout son nez, quatre des cinq premiers traits de la liste. Le dernier trait de la liste, et sans doute le moins important, était le front, ce qui donne à penser que tenter de se déguiser en portant un bandeau ne serait pas très intelligent.

Le problème est que, chaque fois qu'une expérience produit une liste de traits faciaux dans un certain ordre d'importance, une autre expérience vient la contredire. Par exemple, des études montrant des parties du visage isolées, pour voir si les sujets pourront reconnaître le tout à partir de la partie (des études de « fragmentation du visage »), classent les yeux comme étant les plus importants, suivis de la bouche, puis du nez. D'autres études, qui changent un ou plusieurs des traits de la figure, pour voir si ces changements affecteront la « reconnaissabilité » du visage (par exemple, des études de « distorsion du visage ») laissent croire que les cheveux sont les plus importants, suivis des yeux et du menton. Certaines études suggèrent même que des traits faciaux spécifiques, tels les yeux et le nez, ne seraient pas aussi importants pour la reconnaissance que des caractéristiques générales, comme l'âge ou la forme d'ensemble du visage.

De toute évidence, ces études, aussi bien conçues soient-elles, ne peuvent fournir, au mieux, que des indications très approximatives de ce qui se passe dans notre cerveau quand nous voyons un vrai visage, le retenons en mémoire, puis le reconnaissons plus tard. Toutes les expériences énumérées ci-dessus utilisaient des photos mais, dans la vie de tous les jours, nous voyons des visages vivants, qui bougent, expriment des émotions, provoquent en nous des réactions émotives et peuvent revêtir des douzaines (des centaines ?) d'airs différents en seulement quelques minutes. Questionnaires et tests ont leurs limites. Mais de nouveaux indices de la complexité de la reconnaissance faciale ont été révélés par la découverte de personnes qui ne peuvent reconnaître les visages.

Ils souffrent d'une affection rare appelée prosopoagnosie, l'incapacité à reconnaître les visages. Un visage, pour eux, est un objet impossible à identifier, qu'il s'agisse de celui d'un membre de la famille ou même de leur propre visage – dans un célèbre cas du XIXe siècle, un patient était sur le point de s'excuser à un homme qui lui bloquait le passage dans un corridor, quand il s'aperçut qu'il s'agissait en fait de sa propre image dans un miroir. Plusieurs prosopoagnosiques se rendent compte que c'est un visage qu'ils regardent, et qu'il y a un nez, deux yeux, un menton et ainsi de suite, mais ne peuvent donner au tout une forme reconnaissable. Certaines des personnes affectées ne voient dans un visage que quelque chose de vague, impossible à reconnaître, alors que d'autres voient les traits mélangés et désorganisés, comme s'ils regardaient une peinture cubiste vivante.

Les prosopoagnosiques en sont réduits à reconnaître les gens par leur voix, leurs vêtements, leurs gestes, parfois même grâce à une barbe, une moustache ou une coiffure. Si vous montrez à un prosopoagnosique un visage célèbre, par exemple celui de Michael Jackson, il pourra peut-être vous dire qu'il s'agit d'une vedette de la musique, qu'il était à la télévision la semaine dernière, et même qu'il chantait et dansait, sans pouvoir pour autant en dire davantage. Quand on lui dira qu'il s'agit de Michael Jackson, la personne sera peut-être d'accord, comprendra, mais sera incapable de reconnaître à nouveau son visage le lendemain.

L'incapacité à reconnaître les visages semble résulter de dommages causés à l'arrière du cerveau. Au départ, on pensait qu'il s'agissait d'une incapacité de l'hémisphère droit, le côté « pensant » du cerveau. Cela avait du sens, puisque chez la plupart des gens l'hémisphère droit est particulièrement habile à organiser l'espace, à réunir des objets tels que des nez et des oreilles en un tout reconnaissable. D'un autre côté, on croyait que l'hémisphère gauche, habile dans l'assemblage d'une information séquentielle, tel le langage, se satisfaisait d'une simple liste de traits faciaux. Toutefois, il semble maintenant que, dans la plupart des cas de prosopoagnosie, les deux côtés du cerveau soient affectés. Chaque hémisphère jouerait un rôle dans la reconnaissance faciale. Le droit se chargerait de l'identification à distance – cet objet sur un torse, à 40 mètres, est un visage –, et le gauche prendrait le relais, au moment où l'analyse fine et détaillée est nécessaire.

Des recherches récentes laissent croire que les malheureux qui sont ainsi atteints reconnaissent en fait les visages, ou à tout le moins leur cerveau se rend compte qu'il voit un visage familier, mais cette réalisation n'atteint jamais la conscience de la personne. Antonio Damasio, de l'Université de l'Iowa, a enregistré les changements de conductivité électrique de la peau de prosopoagnosiques en train de regarder des photos tant de personnes qu'ils connaissaient que de personnes qu'ils ne connaissaient pas. Ces changements de conductivité indiquent des réactions nerveuses ou émotives (ils sont à la base du fonctionnement du détecteur de mensonges) et dans ce cas-ci ne se produisaient que lorsque les patients regardaient le visage de personnes qu'ils connaissaient. Pourtant ces patients n'étaient pas conscients qu'ils regardaient des visages familiers. Damasio fait l'hypothèse que nous emmagasinons le souvenir d'un visage en un lieu du cerveau et les souvenirs qui s'y rapportent en un autre endroit et qu'il faut, pour le reconnaître, tant la vision du visage que les souvenirs qui s'y rapportent. Il soutient que les prosopoagnosiques ne peuvent réunir ces informations adéquatement.

La recherche faciale a même fourni la preuve de certaines croyances populaires sur les visages. Par exemple, le vieux dicton « pour moi, ils se ressemblent tous » est tout à fait vrai, peu importe le groupe de personnes étudié – des Noirs, des Blancs, des Orientaux, des Indonésiens. Les gens ont tous plus de difficulté à reconnaître les visages appartenant à un groupe de personnes autre que le leur. L'une des explications suggérées, pour cette incapacité à reconnaître les visages d'un autre groupe de personnes, est que chacun se concentre sur des traits qui sont plus rares à l'intérieur de son propre groupe : des Caucasiens se concentreront sur les yeux d'Orientaux, les Orientaux sur les nez de

Caucasiens. Si l'on demande à quelqu'un de retrouver, dans une série de visages semblables, un visage qu'il a déjà vu, il aura du mal à le faire. Certaines recherches suggèrent que les gens qui passent beaucoup de temps avec d'autres groupes réussissent mieux à reconnaître les individus de ces groupes. On a fait des études pour s'assurer qu'il n'y a réellement aucun groupe où les visages « se ressemblent tous », sont plus uniformes que d'autres. De tels groupes n'existent pas.

Enfin, et vous vous en doutiez peut-être déjà depuis le début, on se rappelle plus facilement les beaux visages. Et il ne nous faut pas beaucoup de temps pour percevoir un visage comme beau : un coup d'œil de 150 millièmes de seconde – moins de deux dixièmes de seconde – permet d'arriver au même classement de beauté qu'une observation illimitée. Et la beauté est aussi chose rare, si l'on se fie au jugement de sujets d'expériences, qui, quand on leur demande de classer des visages selon la beauté, en enverront beaucoup dans le bas du classement (les visages les moins beaux), mais ne classeront presque jamais un visage au premier rang, ni même au deuxième. C'est comme si nous classions les visages de la même manière que les juges évaluent les patineurs ou les gymnastes – en n'allouant jamais une trop haute note à celui qui est en train de se produire, au cas où il s'en présenterait un meilleur. L'espoir fait vivre, même dans l'inconscient.

L'alphabet sur le bout des ailes

POUR CEUX qui vivent dans les Prairies, une des indications du printemps et de l'automne est le V occasionnel d'un vol d'oies. La formation en V est frappante et rare parmi les oiseaux, mais elle est aussi l'objet d'une controverse, car les scientifiques ne peuvent s'entendre sur les raisons qui pourraient pousser les oies à voler en V.

Le débat tourne principalement autour de l'affirmation selon laquelle les oies adoptent la formation en V afin de pouvoir profiter de l'air ascendant venant du bout des ailes des autres oies pour se déplacer. On a appliqué aux oies la branche des mathématiques spécialisée dans l'analyse de l'aérodynamique des avions, et les chiffres ne laissent aucun doute : voler ensemble est la meilleure façon de voler. Une série de calculs a montré que 25 oiseaux, aile à aile, pouvaient accroître leur portée de 71 p. cent par rapport à des oiseaux seuls, dépensant la même somme d'énergie ; 9 oiseaux pouvaient gagner environ 50 p. cent, et même 3 oiseaux en profitaient quelque peu.

Ces chiffres s'appliquent en fait au vol de front, côte à côte dans une ligne, mais il y a une expression mathématique, appelée théorème de décalage de Munk, selon laquelle on peut réorganiser une ligne d'objets volants en V, tout en maintenant l'effet d'élévation, la seule différence étant que certaines oies perdront au change, alors que d'autres y gagneront. L'oiseau de tête perd un peu de portance, car ses plus proches voisins sont maintenant derrière lui (bien que, étonnamment, il soit encore mieux dans cette situation que s'il était laissé à lui-même), mais les oiseaux aux deux bouts, même s'ils ne reçoivent de poussée que d'un côté, profitent également du remous ascendant dérivant des oiseaux qui les précèdent dans le V.

Voici comment devrait fonctionner l'aérodynamique. En volant, chaque oie engendre de la turbulence et des remous d'air qui s'éloignent de ses ailes en tourbillonnant. Immédiatement à l'arrière des ailes, l'air se déplace vers le bas (c'est le remous descendant), mais sur les côtés, juste après le bout des ailes, l'air monte, et à une vitesse passablement intéressante en plus. L'intensité de ce tourbillon ascendant tombe vite, cependant, de sorte qu'à aussi peu qu'un mètre de distance il n'en reste pas grand-chose. Si vous êtes une oie, vous ne devez pas voler directement derrière une autre oie, car vous aurez à combattre le remous descendant ; portez-vous plutôt sur son flanc, juste à l'extérieur du bout de son aile, et vous profiterez de la portance du remous ascendant.

La théorie fournit encore quelques détails intéressants. Le meilleur V, en fait, sera un peu courbé, les oiseaux de queue dérivant légèrement vers l'arrière et l'extérieur de la ligne principale, et l'oiseau de tête se rabattant légèrement vers le reste de la bande. Le V devrait avoir un angle d'environ 100°, ce qui est à peu près l'angle que fait votre auriculaire avec votre pouce quand vous étirez votre main aussi large que possible, mais il n'a pas à être symétrique : 10 oiseaux dans un bras du V et 15 dans l'autre ne demanderaient que de légères modifications au niveau de l'espacement pour fonctionner. Mais ce qui est vraiment bien, c'est qu'il est plus facile de maintenir la formation en V que de l'interrompre : si une oie vole trop en avant du V, elle perdra de la portance et retombera en ligne ; si elle dérive trop loin en arrière, elle aura plus de portance et se retrouvera soudain propulsée vers l'avant, de retour à sa place dans le V. (Il serait possible, évidemment, de se comporter en parfait parasite, en se repliant et en battant des ailes moins vigoureusement. Les petits tourbillons d'air ascendant, à l'intérieur du V, permettraient à l'oie d'y brûler moins de calories et de récolter ainsi les bénéfices sans contribuer à l'intérêt commun. Il existe sûrement une forte pression sociale à l'encontre d'un tel comportement.)

Si les V sont si bons, pourquoi alors ne voyons-nous pas plus d'oiseaux s'en servir ? Pourquoi ne voyons-nous pas de moineaux ou de merles voler en V ? C'est encore une fois l'étude de l'aérodynamique qui fournit la réponse : la grosseur du tourbillon ascendant laissé par une aile dépend de la taille de l'aile elle-même. Plus l'oiseau est petit, plus le remous qu'il crée est petit et plus les oiseaux auraient à voler près les uns des autres pour pouvoir en profiter. Il vous faudrait non pas un V, mais un radeau de moineaux.

Bien sûr, il ne suffit pas en science d'avoir une bonne idée – il faut aussi la prouver. Celle-ci a été beaucoup plus difficile à prouver qu'on aurait pu le penser. Ce serait bien, si vous pouviez convaincre huit ou neuf bernaches du Canada de s'envoler en même temps et de maintenir un V parfait, dans une soufflerie, juste assez longtemps pour qu'on puisse visualiser les mouvements de l'air autour des ailes. On attend toujours, pour cette expérience, quelque chercheur dévoué. En attendant, les observateurs d'oies ont pris le champ, photographiant les vrais V qui passaient au-dessus de leur tête. À leur grand regret, aucun des V photographiés n'avait la forme exacte prédite par la théorie. Mais personne ne récuse la théorie, pour le moment, car il est effectivement très délicat de mesurer l'angle du V d'un vol d'oies. Celles-ci s'approchent de la caméra en provenance de toutes les directions et de toutes distances possibles, presque jamais directement au-dessus de votre tête – et même si elles passent directement devant vous, comme dans une revue, il y a un problème de perception. L'angle du V semblera changer constamment, au fur et à mesure que le troupeau défilera de gauche à droite (ou vice versa), se rétrécissant d'abord, puis grossissant à nouveau. Les scientifiques qui effectuent ces études ont passé le plus clair de leur temps à se demander comment interpréter les résultats obtenus.

Et puis, comme toujours en science, il y a ceux qui veulent revenir en arrière et chercher une nouvelle interprétation à certaines des données déjà rassemblées. Certains chercheurs minimisent maintenant l'importance de l'angle en V, suggérant plutôt que c'est la position du bout des ailes qui est importante. Ainsi, chaque oie devrait être placée de manière à ce que le bout de ses ailes traverse en fait une ligne tracée directement derrière le bout des ailes de l'oie qui précède. C'est-à-dire que, si elles volaient de front, le bout de leurs ailes se superposerait, se touchant en fait, bien que dans la formation en décalage du V un tel contact n'existe pas. Brandissant leur nouvelle hypothèse, ces chercheurs ont repris l'examen de photos déjà publiées – les mêmes qui occasionnent tant de consternation chez d'autres chercheurs – et affirment que les oies de ces troupeaux, effectivement, maintenaient de telles positions.

Pendant que le débat fait rage quant à savoir si c'est l'angle du V ou l'alignement du bout des ailes qui est le plus important, il reste encore des observations gênantes à expliquer. Si le vol en V consomme si peu d'énergie, pourquoi les oies semblent-elles si empressées de l'abandonner au profit des « échelons » (files simples et décalées), des grappes, des J, des J inversés, et que sais-je encore ? Et pourquoi, même quand ils sont en V, les oiseaux changent-ils tellement de position, s'éloignant puis revenant, d'avant en arrière, échangeant même leurs positions ? Ne devrait-il pas y avoir une position optimale pour chaque oie, même en tenant compte des petites modifications nécessaires aux coups de vent ?

Pourrait-il y avoir une raison autre que l'aérodynamique qui pousse les oies à voler en V ? Une hypothèse veut que les oies adoptent la formation en V pour procurer à chaque oiseau la meilleure vue possible. On pense aussi que le vol en V constitue une « annonce » plus visible pour les autres oies, les invitant à suivre et à créer ainsi des groupes d'oiseaux de plus en plus grands, ce qui leur procure en échange une plus grande connaissance collective des sources de nourriture. Selon cette théorie, si les oies ne volaient pas en formations immédiatement reconnaissables, les populations d'oies demeureraient dispersées. Pour ce qui est de le prouver, cela me dépasse.

Nous pourrions bien avoir à attendre au siècle prochain, avant que ne soit généralement acceptée quelque explication que ce soit du vol en V des oies. Mais la prochaine fois que vous sortirez dehors, par une journée typique d'automne canadien, et que vous les entendrez cacarder, levez les yeux : si vous avez la chance de les voir voler directement au-dessus de votre tête, vérifiez l'angle du V et l'alignement du bout des ailes. Semblent-elles utiliser le courant ascendant les unes des autres ? Êtes-vous parmi ceux qui estiment qu'il se passe autre chose ? Tout ce dont vous puissiez être sûr, c'est que les oies ont une bonne raison de voler en V – nous ne l'avons tout simplement pas encore trouvée.

Psychologie de toilettes

LES SCIENTIFIQUES qui se penchent sur le comportement sont toujours à la recherche de l'endroit idéal pour étudier leurs sujets, qu'il s'agisse d'une mare d'eau achalandée de la plaine de Serengeti ou d'un manège dans une cage. Il est tout à l'avantage des scientifiques de trouver un endroit où les animaux adoptent des comportements manifestes et répétitifs. Les toilettes publiques sont l'un de ces endroits. Les psychologues peuvent tirer parti du fait qu'on trouve dans les toilettes publiques le cadre idéal pour voir des comportements humains exempts des complications observées dans les grands rassemblements de personnes.

Parfois même les enquêteurs n'ont pas besoin d'entrer dans les toilettes. Un chercheur du Département des transports de l'État de Washington, chronomètre en main, a surveillé les gens qui s'arrêtaient aux toilettes le long des routes et découvert que les hommes, en moyenne, y passaient 45 secondes, contre 79 pour les femmes. Votre première réaction sera sans doute de dire : « Oh ! mais on savait ça, que les femmes prenaient plus de temps ! » Eh bien, c'est comme ça, la recherche sur les toilettes : ça vous apprend des choses que vous êtes passablement certain de savoir, mais ça va plus loin, et les phénomènes observés sont en fait traduits en chiffres.

Cependant, bien qu'il soit intéressant de savoir que les hommes passent en moyenne 34 secondes de moins que les femmes dans les toilettes, c'est un peu comme si on voyait un pic disparaître dans son trou d'arbre, puis reparaître peu de temps après : ce qu'on veut savoir, c'est ce qui s'est passé à l'intérieur. Les spécialistes des pics auront probablement recours à une caméra dissimulée, mais les chercheurs sur les toilettes doivent habituellement pénétrer sur le site de recherche lui-même pour noter leurs observations. Ils doivent toutefois faire attention de s'en tenir à leur rôle d'observateurs et éviter de brouiller l'expérience en prenant part à la scène, ce qui peut engendrer de curieuses interactions. Prenez par exemple cet échange entre un visiteur des toilettes des hommes et un chercheur qui se trouve à connaître le visiteur. Le chercheur s'affaire à rédiger le compte rendu des gestes du visiteur précédent et cherche désespérément à ne pas s'engager dans une conversation.

Le visiteur : Allô ! (*Se rendant à l'urinoir.*) Rien de tel qu'une bonne pisse !

Le chercheur : Ouais.

Le visiteur : Veux-tu bien me dire ce que tu fais là. (*Se rendant à l'évier.*)

Le chercheur : J'écris.

Le visiteur : Ah oui ? Sur les gens qui pissent ?

Le chercheur : Ouais.

Le visiteur : Salut !

Le chercheur : Ouais.

Certains romanciers seraient fiers de ce dialogue minimaliste, mais le psychosociologue étudiant le comportement dans les toilettes publiques y verrait tout de suite une rencontre typique : il y a toujours, dans les toilettes, ce conflit entre la reconnaissance d'un ami et le respect de l'intimité – parler ou se taire. Par exemple, on a noté que deux hommes qui se connaissent occuperont deux urinoirs voisins et tiendront une conversation normale, mais sans se regarder. Ils maintiennent ainsi leur relation, tout en honorant mutuellement le droit de chacun à l'intimité. Deux étrangers occupant des urinoirs voisins feront comme s'il n'y avait pas d'autre être vivant dans les parages. Les cloisons des cabines de toilettes constituent des barrières encore plus fortes contre la conversation : comme il est rare d'entendre quelqu'un à l'intérieur d'une cabine parler à quelqu'un d'autre dans les toilettes. Je me rappelle le vieux Gardens d'Edmonton, où j'allais parfois voir des matches de hockey ou de lutte. Dans les toilettes des hommes se trouvait un immense urinoir circulaire, autour duquel se tenaient les hommes, épaule à épaule, en un genre de fontaine renversée. Je ne me souviens pas d'y avoir entendu de conversation.

Des observateurs perspicaces pourront tirer parti du fait que leur seule présence influence le comportement dans les toilettes. En 1986, la revue *Perceptual and Motor Skills* publiait un article intitulé « L'influence d'un observateur sur la conformité à la norme du lavage des mains ». Ce que signifie ce titre, c'est : « Est-ce que les gens se lavent davantage les mains s'ils croient que quelqu'un les observe ? » L'hypothèse voulait que les femmes, dans les toilettes publiques, se lavent les mains en présence d'autres femmes, mais s'en abstiennent si elles sont seules. Cette étude fut menée sur « le campus d'une grande université privée de l'ouest des États-Unis ». Pour la première partie de l'expérience, l'observatrice se trouvait dans un salon attenant aux toilettes, bien à la vue des sujets au moment où elles quittaient leur cabine. Des 20 femmes qui, donc, virent l'observatrice dans le salon, 18 se sont lavé les mains. Pour la deuxième partie de l'expérience, l'observatrice était cachée dans une des cabines, les pieds dissimulés et une affiche « Hors d'usage » accrochée à la porte. Des

19 femmes qui ont alors utilisé les toilettes, 3 seulement se sont lavé les mains.

Cette étude semble démontrer que la pression sociale joue, dans la détermination du comportement entourant le lavage des mains, un rôle beaucoup plus important que les préoccupations d'hygiène personnelle. (La majorité des gens à qui j'en ai parlé se déclarent nullement surpris par les résultats de cette expérience, tout en affirmant que, quant à eux, ils se lavent toujours les mains.)

Les psychologues se sont encore tournés vers les toilettes publiques pour étudier l'effet qu'a sur un homme le sentiment que son espace personnel est violé. Toutes sortes d'expériences ont été menées, tentant de définir ce qu'est exactement l'espace personnel, quelle dimension il a et, ce qui est le plus important, comment nous réagissons quand il est envahi. Ce dernier cas fait problème, car il a toujours été difficile de trouver un cadre expérimental où l'on puisse sans ambiguïté attribuer le stress ressenti par quelqu'un à la violation de son espace.

Il y a un cadre particulier où l'espace personnel d'un homme est toujours envahi, et c'est quand il est forcé d'occuper un urinoir à côté d'un étranger. Selon les psychologues, on pourrait mesurer le stress, dans une telle situation, car les recherches ont confirmé que la peur et l'anxiété peuvent engendrer l'incapacité d'uriner. Un homme qui a peur, au moment d'uriner, est victime de phénomènes physiologiques puissants et opposés: les muscles de la vessie se contractent, ce qui pousse l'urine dans l'urètre, mais le sphincter, qui doit se relâcher pour laisser passer l'urine, est paralysé par la peur. Ainsi, si quelqu'un occupant un urinoir voisin envahit effectivement votre espace personnel, le stress qui en résulte peut vous donner de la difficulté à commencer à uriner et même à continuer. (« Retard dans l'attaque et diminution dans la persistance de la miction », comme disent les psychologues dans leur jargon.)

L'expérience visant à déterminer si la violation de son espace personnel peut en fait amener un homme à rester là et à attendre a été menée dans les toilettes pour hommes d'une université du Midwest américain (où sont effectuées, semble-t-il, toutes les expériences du genre). Ces toilettes comprenaient deux cabines et trois urinoirs. Les sujets de l'expérience, qui ne se doutaient de rien, se retrouvaient devant trois situations distinctes: ou ils étaient seuls, les deux autres urinoirs étant « déclarés » hors service par une affiche, ou il y avait un autre homme (complice de l'auteur de l'étude), séparé du sujet par un urinoir hors d'usage, ou il y avait un homme à côté du sujet, l'affiche « hors d'usage » étant posée sur l'urinoir du bout. De sorte que les sujets soit ne se sentaient pas menacés, soit voyaient leur espace personnel légèrement transgressé ou carrément violé.

Pour que l'expérience fonctionne, il fallait chronométrer la miction du sujet – tant le début que la durée.

Mais on s'aperçut vite qu'on n'arriverait pas, même si cela avait marché dans une expérience pilote, à entendre le bruit du jet : ces urinoirs étaient tout simplement trop silencieux. Alors l'observateur s'enferma dans une des cabines, une pile de livres à ses pieds. Dissimulé à travers les livres se trouvait un périscope, placé de manière à voir, par l'espace sous la cloison de la cabine, le « bas du torse » de l'utilisateur de l'urinoir (mais pas son visage, s'empressent de préciser les auteurs de l'étude). Une fois en place, l'observateur, tel un ornithologue dissimulé dans une cache, attendait que les sujets viennent à lui. Un étudiant entrant dans les toilettes pour hommes n'y trouva qu'un urinoir de disponible. Quand il s'en approcha pour l'utiliser, l'observateur, surveillant attentivement dans son périscope, mit deux chronomètres en route : l'un qu'il arrêta au moment où jaillit l'urine, l'autre quand elle cessa de couler. L'observateur savait ainsi combien il avait fallu de temps au sujet pour commencer et pendant combien de temps il avait uriné.

Les résultats ? Quand le sujet avait les urinoirs pour lui tout seul, le retard dans l'attaque était en moyenne de 4,9 secondes, mais la présence d'un étranger, deux urinoirs plus loin, augmentait ce délai à 6,2 secondes. Quand les deux hommes se retrouvaient côte à côte, le délai s'étirait jusqu'à 8,4 secondes. Comme on dit, ces résultats étaient statistiquement significatifs.

Les prédictions des auteurs de cette expérience furent corroborées, ce qui est tout à leur honneur, mais cela n'a pas été sans controverse. Les psychologues qui ont conçu l'expérience, vous vous en doutez bien, ont été accusés de pousser un peu loin l'éthique en pointant ainsi des périscopes sur les parties de sujets sans méfiance.

En 1987, des psychologues ont emmené dans les toilettes publiques l'un des sujets « chauds » du comportement animal. Les odeurs servent couramment de messages, dans le règne animal, qu'il s'agisse de votre chien qui renifle un arbre pour savoir qui est passé par là la dernière fois ou d'un papillon nocturne mâle qui vole contre le vent sur des centaines de mètres pour retrouver la femelle qui émet sa senteur. Une grande question reste sans réponse : « Quelle importance ont ces molécules odoriférantes, que l'on appelle phéromones, dans la communication humaine ? » Pas le parfum ou l'après-rasage, bien sûr, mais les odeurs naturelles, plus subtiles.

Des indices, en effet, montrent que nous, les humains, produisons de telles odeurs et sommes sensibles à leur message. Une substance chimique, appelée androsténol et émise par les porcs mâles pour inciter les femelles à l'accouplement, se retrouve aussi dans la transpiration des aisselles et dans l'urine humaine. Évidemment, la présence d'une telle substance à ces endroits ne prouve en rien que nous réagissions à son influence, et des expériences tentant de le démontrer n'avaient donné que des résultats mitigés. Mais cette image floue changea en 1987, alors qu'un groupe de l'Université du sud de la Californie eut la brillante idée de tester l'androsténol dans les toilettes publiques : ils voulaient savoir si cette substance envoyait le même message que celle dont les chiens aspergent les bornes-fontaines – ce « je suis passé par là » qui constitue une déclaration de territorialité.

Dans une expérience étalée sur cinq semaines, les chercheurs ont collé des petits carreaux de plexiglas de cinq centimètres carrés, à peu près à la hauteur des yeux, sur la porte de chacune des quatre cabines d'une salle de toilettes pour hommes. La première, la troisième et la cinquième semaine, on a aspergé ces morceaux de plexiglas de gouttes d'alcool de laboratoire. Cette faible odeur d'alcool n'eut aucun effet sur la manière dont furent utilisées les cabines. La deuxième semaine, par contre, on déposa, sur le carreau de plexiglas de l'une des cabines, une solution d'androsténol dans l'alcool. L'utilisation de cette cabine chuta de façon spectaculaire, passant d'environ 20 visites par semaine à guère plus de 4 visites en présence de l'androsténol. (En fait, ces quatre visites pourraient toutes avoir été effectuées par la même personne.)

On ne peut expliquer ces résultats simplement en supposant que les hommes sentaient l'androsténol provenant de la cabine et en choisissaient une autre. Cette substance n'a pas une odeur puissante à ce point, ni facilement associable à l'urine ou à la transpiration. Elle sent le musc, mais elle est faible. Même Andrew Gustavson, le scientifique qui a conçu l'expérience et qui a appris à reconnaître l'odeur de l'androsténol, ne pouvait pas la détecter avant d'être à mi-chemin dans la salle de toilettes. Alors comment une si faible odeur pouvait-elle malgré tout éloigner les hommes de la cabine traitée ?

Une preuve supplémentaire que l'effet de dissuasion ne venait pas seulement de l'odeur fut fournie dans la quatrième semaine. Cette fois, on avait trempé le carreau de plexiglas de la même cabine non pas dans l'androsténol, mais dans une substance étroitement apparentée, l'androstérone. Même si elle a le même genre de senteur de musc, cette substance n'eut aucun effet sur le choix de la cabine. C'est seulement quand il y avait de l'androsténol sur le carreau de plexiglas que la plupart des hommes évitaient d'utiliser cette cabine, comme s'il exerçait un effet territorial, un « ne m'approche pas ». (Et il s'agit là d'un phénomène mâle : une expérience identique menée dans les toilettes des femmes n'a eu absolument aucun effet.)

Les auteurs de l'expérience rapportent que les hommes qui ont évité la cabine à l'androsténol l'ont fait de façon très naturelle. On n'a vu personne se rendre directement à la cabine témoin, s'arrêter et sentir, puis reculer et se rendre à une autre cabine. On n'a pas même observé de brusques changements de direction. Les gens entraient tout simplement et se dirigeaient doucement vers l'une ou l'autre cabine – à l'exception de celle où était l'androsténol.

Malheureusement, nous ne saurons jamais si ces hommes se rendaient compte qu'il se passait quelque chose d'inhabituel. Le comité d'éthique qui supervisait l'expérience a interdit aux auteurs d'interroger les utilisateurs des toilettes sur leurs pensées et leurs impressions. Il ne serait pas surprenant, toutefois, qu'ils n'aient rien constaté d'inhabituel. L'androsténol, en suspension dans l'air, pourrait tout simplement pénétrer dans le nerf olfactif et exercer ses effets sur le comportement par le truchement de circuits nerveux qui ne requièrent pas l'assistance de la pensée ou du jugement. Peu importe ce qui se passait dans la tête des sujets, il est évident qu'il est arrivé quelque chose de très étrange pendant la deuxième semaine de cette expérience.

Le croiriez-vous, des hommes entrant dans une salle de toilettes et, sans hésitation, évitant une cabine particulière, sous prétexte qu'une odeur à peine perceptible émanait de la porte de cette cabine ? Si l'on arrive à prouver ces résultats, ils entreront dans l'histoire comme étant le premier indice sérieux que nous transformons notre comportement en fonction d'odeurs extrêmement subtiles. Et ils démontreront une fois de plus que, comme cadre d'étude des êtres humains et de la psychologie de leur vie quotidienne, rien ne vaut les toilettes publiques.

Science de placard

PRENEZ UN paquet de Lifesavers « wintergreen » et un miroir, attendez que personne ne vous voie, puis glissez-vous furtivement dans le placard sombre le plus près. Attendez cinq minutes, le temps que vos yeux s'adaptent à la noirceur, puis prenez quelques bonbons et croquez-les. Regardez votre bouche dans le miroir pendant que vous croquez les bonbons, et vous verrez de petits éclairs de lumière bleu-vert. Je sais, cela semble incroyable, mais les éclairs peuvent être si brillants que vous n'aurez même pas besoin de fermer la porte complètement pour les voir ; mais quand il fait vraiment noir, l'effet est spectaculaire.

En fait, vous pourriez obtenir à peu près le même résultat en écrasant des morceaux de sucre avec des pinces, mais vous trouveriez sans doute la lumière beaucoup plus faible et d'une couleur légèrement différente – plus bleue, moins verte. Robert Boyle, l'un des grands scientifiques du XVIIe siècle, en plus de passer beaucoup de temps à faire des expériences sur l'air et les vides (c'est lui qui a montré que rien ne peut brûler dans le vide et que les animaux ne peuvent y vivre), s'est aussi amusé avec du sucre et a observé que « du sucre dur qu'on gratte légèrement avec un couteau produira des étincelles de lumière ». Mais, si la découverte de ce phénomène n'est pas nouvelle (en fait, Francis Bacon l'avait déjà remarqué avant Boyle), l'explication de cette lumière inattendue a dû attendre la chimie du XXe siècle.

On trouve habituellement le sucre sous forme de cristaux. Vous savez sans doute à quoi ressemblent ces cristaux pour les avoir déjà vus dans votre cuiller, mais ce qui est important, ici, c'est la manière dont ils se forment au niveau de l'atome. Un cristal parfait est surtout constitué d'espace vide – une structure d'atomes tridimensionnelle rudimentaire –, des centaines, voire des billions d'atomes, liés entre eux de façon rigide. Tant que le cristal ne devient pas chaud au point où les atomes se mettent à vibrer trop vigoureusement et à se séparer, ou tant que des molécules d'eau ne viennent pas gruger ses limites extérieures et entamer sa structure, les atomes d'un cristal demeurent accrochés les uns aux autres.

Mais il suffit de mettre en présence un cristal de sucre et deux molaires pour qu'arrive le chaos. Des atomes voisins sont séparés, formant des fissures dans le cristal et, au fur et à mesure que s'étendent ces fissures, des îlots de charges électriques négatives et positives se retrouvent isolés sur des fragments de cristal en train de se séparer. Quand la distance entre eux devient trop grande et ne peut être tolérée (chimiquement, s'entend), les particules de charge négative, les électrons, sautent par-dessus la faille pour aller neutraliser les particules de charge positive de l'autre côté. En vol, les électrons entrent en collision avec des molécules d'azote, le gaz le plus commun de l'air. Chaque molécule d'azote absorbe l'énergie des électrons, puis la libère immédiatement sous forme de lumière bleue, engendrant ainsi un éclair microscopique. En laboratoire, il est facile de démontrer que c'est l'azote de l'air qui rejette sous forme de lumière bleue son énergie nouvellement acquise : si vous broyez du sucre dans un vide (c'est Robert Boyle qui serait content !), où il n'y a aucun azote, vous ne verrez pas de lumière.

Une partie de la lumière produite par le sucre du bonbon peut être vue, mais une bonne part appartient à la portion ultraviolette du spectre, ce qui signifie que, même si vous arriviez à bronzer très légèrement en vous tenant devant quelqu'un qui croquerait des tonnes de sucre, vous ne verriez que peu de la lumière ainsi produite. C'est ici qu'entre en scène le wintergreen : il se trouve que l'essence de wintergreen absorbe très bien la lumière ultraviolette et, lorsqu'elle est excitée par le supplément d'énergie ainsi produit, réémet une lumière bleu-vert. Par conséquent, quand on met ensemble sucre et wintergreen, la quantité de lumière visible est beaucoup plus grande, et la couleur est différente de celle que produit le sucre seul.

Si seulement j'avais su tout ça à l'âge où il est important d'imaginer de nouvelles façons de persuader quelqu'un de vous suivre dans un coin sombre !

Le courrier du ciel

EN FÉVRIER 1635, le philosophe et homme de science René Descartes passa quelques jours enneigés à Amsterdam, et sa description des flocons de neige qu'il observa n'a jamais été surpassée :

« [...] ce qui m'a le plus étonné, c'est que, parmi les brins qui sont tombés les derniers, j'en ai remarqué quelques-uns qui étaient entourés de six petites dents, comme les rouages de l'horloger...

[...] le lendemain matin, [on voyait] des petites plaques de glace, très plates, très polies, très transparentes, mais d'une forme si parfaitement hexagonale qu'il est impossible à l'homme de faire quoi que ce soit d'aussi exact...

[...] Venaient ensuite des petites colonnes de cristal, décorées à chaque bout de roses à six pétales à peine plus grosses que leur base. »

Ces brèves descriptions de Descartes touchent au cœur de ce qui est à la fois si évident et si subtil dans les flocons de neige. Tous les enfants savent que les flocons de neige ont six côtés. Mais les scientifiques n'ont toujours pas compris comment tous les flocons de neige pouvaient avoir six côtés tout en ayant autant de formes différentes. Si tous les flocons de neige sont faits à peu près de la même manière, comment se fait-il que certains ressemblent aux « rouages de l'horloger » et d'autres à des « colonnes de cristal », des petits piliers miniatures à six côtés ? (Incidemment, Descartes a eu beaucoup de chance de voir ces colonnes chapeautées à chaque bout de « roses à six pétales », comme des roues attachées à un essieu. Plusieurs observateurs de flocons de neige aguerris n'en voient qu'une ou deux fois dans leur vie.)

Ce qui étonne dans la description de Descartes, c'est qu'apparemment c'était seulement la deuxième fois que quelqu'un en Europe mentionnait dans un écrit que les flocons de neige ont six côtés ! La première mention doit en être attribuée à Johannes Kepler, un astronome surtout connu pour ses recherches sur la forme des orbites planétaires et qui, en 1611, écrivit un petit ouvrage intitulé *Le flocon de neige à six côtés*. Si vous remontez un demi-siècle en arrière, il est évident que personne en Europe ne connaissait la forme hexagonale des flocons de neige. Une gravure d'un livre publié en 1555 par l'archevêque d'Uppsala montre 23 versions de flocons de neige, dont un seul à six côtés. La variété des autres formes représentées – des yeux, des mains, des cloches, des flèches et des demi-lunes – montre à l'évidence que l'auteur n'avait pas la moindre idée de la forme exacte des flocons de neige. Par contre, les Chinois avaient décrit la vraie forme des flocons de neige dès le deuxième siècle après Jésus-Christ au moins.

Il semble ridicule, de prime abord, que personne en Europe, il y a 400 ans, n'ait été au courant ou n'ait au moins reconnu publiquement que tous les flocons de neige avaient six côtés. Il suffit habituellement de passer quelques instants sous la neige pour repérer des flocons à six côtés sur le pare-brise de la voiture ou la manche d'un manteau. D'un autre côté, il est toujours plus facile de remarquer quelque chose dont nous connaissons déjà l'existence – remarquerions-nous aussi facilement ces petits hexagones parfaits, si on ne nous avait pas enseigné dès la maternelle qu'ils étaient là ?

Reconnaître que les flocons de neige ont six côtés, ce n'est que le début. Même Kepler s'était rendu compte que la vraie question était : pourquoi ? Quel moule, quelle force pouvait produire des millions de flocons, à partir d'eau gelée, qui aient tous six côtés, qu'ils soient en plaques, en colonnes ou en étoiles ? Il imagina que les flocons de neige devaient être faits à partir de sous-unités plus petites et que la forme à six côtés devait être reliée à l'assemblage efficace de ces sous-unités. Il était intrigué par le fait qu'on retrouve l'hexagone dans d'autres situations où un assemblage efficace est primordial, telles les cellules d'un rayon de miel ou la disposition des pépins dans une grenade. Mais il ne pouvait expliquer pourquoi les flocons de neige ont six côtés.

Il aura fallu attendre le XXe siècle pour que la question de Kepler trouve une réponse, du moins en partie. L'architecture des flocons de neige dépend d'abord de la molécule d'eau elle-même. L'eau, bien sûr, c'est deux atomes d'hydrogène pour un atome d'oxygène (H_2O). À la température de la pièce, quand l'eau est liquide, les molécules d'H_2O vibrent et glissent les unes sur les autres, entrent en collision et se repoussent, ne laissant virtuellement aucun espace entre elles. Mais si la température baisse suffisamment, cette bousculade normale entre les molécules d'eau peut être vaincue par les forces électriques qui les animent. Toutes alors se figent soudainement en des positions fixes les unes par rapport aux autres. C'est le gel.

En les immobilisant, le gel force les molécules d'eau à s'éloigner les unes des autres et à adopter seulement des positions rigides et distancées. Aux rayons X, ces cristaux de glace révèlent une structure hexagonale, remarquablement répétitive : six molécules d'eau à chaque coin, elles-mêmes liées à d'autres molécules d'eau, à côté, au-dessus et au-dessous. Kepler était plus près de la vérité qu'il ne s'en doutait : à l'échelle microscopique, un amas de cristaux de glace ressemble à un gigantesque rayon de miel.

C'est cette structure hexagonale répétitive qui constitue la clé des flocons de neige. Si les conditions atmosphériques le permettent, un cristal de glace se mettra à croître (d'habitude en s'accrochant à une particule de poussière microscopique), ajoutant des molécules d'eau à ses arêtes, tout en préservant la structure hexagonale de base. Quand il sera devenu assez gros pour être vu, vous aurez alors un flocon de neige[1].

Le plus grand expert en flocons de neige du XXe siècle est feu Ukichiro Nakaya, spécialiste de la physique nucléaire, dont la vie fut transformée quand il eut la (mal)chance, en 1932, d'hériter d'une chaire de physique à Hokkaido, l'île du nord de l'archipel japonais. Il manquait à l'université de l'endroit les installations permettant de faire de la physique nucléaire,

---

1. La rigidité et l'immobilité que je prête aux cristaux de glace existent jusqu'à un certain point, quand on les compare à de l'eau liquide, mais les cristaux ne sont en aucune façon totalement inactifs. On sait que la molécule d'eau habituelle, dans un cristal de glace, abandonne sa position à tous les *millionièmes* de seconde, s'avance un petit peu dans le cristal, sur une distance peut-être de huit molécules ou à peu près, bouscule et déplace une autre molécule d'H_2O, puis revient en arrière.

mais la neige, elle, ne manquait pas. Nakaya adopta une attitude pragmatique et changea de domaine d'étude. Il fut le premier scientifique à produire des flocons de neige en laboratoire. Il tendit des poils de lapin en cordes à linge miniatures, dans des chambres froides remplies de vapeur d'eau. Les poils de lapin sont couverts de petits nodules qui permettent, de la même manière que les particules de poussières dans l'air, la croissance de flocons de neige : les cristaux de neige peuvent s'y poser et commencer à ajouter de nouveaux cristaux à partir de l'air ambiant.

Nakaya fut le premier à montrer pourquoi les flocons de neige peuvent prendre n'importe quelle forme, des délicates et plumeuses étoiles à six bras, aux rudes boucliers à six côtés, ou même aux piliers terminés par des chapeaux hexagonaux, comme ceux que mentionnait Descartes. Leur forme est le reflet de leur histoire. Nakaya écrivait : « Un flocon de neige est une lettre que nous adresse le ciel. »

La clé, c'est la température et le degré d'humidité : avec eux change la façon dont se forment les cristaux de neige. Si un flocon se forme dans un air passablement sec, il aura la forme d'une plaque à -15 °C, mais deviendra une colonne solide 10 ° plus bas. Les flocons de neige plumeux à six branches, ceux des cartes de Noël, se développent seulement dans un air très humide, à environ -14 °C. Imaginez-vous à quel point cela peut être compliqué pour un flocon de neige, qui commence à se former à une température et un degré d'humidité donnés, se fait emporter plus haut, puis plus bas par le vent, accélérant d'abord, puis ralentissant (des vitesses changeantes affectent la croissance du cristal), et tombe finalement au sol, non sans subir de nouveaux changements de température et d'humidité. À chaque changement, le flocon en développement devra modifier sa structure croissante, tout en préservant ce qui est acquis.

Pourquoi la température et le degré d'humidité exercent-ils une telle influence ? Si tous les cristaux de glace sont exactement les mêmes, du moins à l'échelle moléculaire, pourquoi les flocons de neige ne sont-ils pas tous semblables ? Cette question est à la limite de la physique. Tout le monde s'entend sur le portrait d'ensemble : des molécules d'eau individuelles en suspension, ou gelées ensemble en petits groupes, tombent sur le flocon en formation et se figent en place. Plus le degré d'humidité est élevé, plus il y a de molécules d'eau se disputant les places disponibles ; plus la température est basse, plus il est facile de former les liens qui les retiennent en place. Vous pouvez même vous représenter comment une plaque peut se transformer en colonne – en se développant vers le haut plutôt que vers l'extérieur – et comment une plaque qui n'aurait crû que dans les coins, plutôt qu'aux arêtes, développerait bientôt des bras. Mais il est presque impossible de savoir ce que sont exactement les conditions dans l'environnement microscopique du cristal, là où de légères différences dans la température et le nombre de molécules d'eau peuvent faire passer le cristal d'une forme à l'autre. Les flocons observés par Descartes avaient évidemment commencé par être des colonnes, pour se changer soudainement en plaques. Pourtant ceux-ci, comme presque tous les flocons, aboutissent à une forme parfaitement symétrique – vous n'en trouverez pas un qui a un bras dix fois plus long que les autres. Mais comment un flocon de neige connaîtra-t-il, à un bout, la vitesse exacte à laquelle il devra croître, pour s'harmoniser avec ce qui se passe à l'autre bout ? C'est peut-être là la plus difficile de toutes les questions.

Enfin, est-il vrai qu'il n'y a pas deux flocons de neige identiques ? Jusqu'à 1988, la réponse était « oui » ; maintenant, c'est « oui... peut-être ». En mai 1988, Nancy Knight, du Centre national de recherche atmosphérique de Boulder, au Colorado, rapporta avoir découvert deux flocons de neige « virtuellement identiques ». Ces flocons ont été recueillis le 1er novembre 1986, par des scientifiques faisant des recherches sur les nuages, dans un avion volant à environ 6 000 mètres d'altitude. Ce sont de minuscules colonnes, le centre creux, en forme de vase, et qui semblent être pareilles. Mme Knight, chercheuse expérimentée en matière de neige, déclara que c'était la première fois qu'elle voyait des flocons comme ça, « qui, s'ils ne sont pas identiques, sont certainement très semblables ». Il est évidemment impossible de savoir si ces deux flocons étaient exactement identiques – nous n'en possédons qu'une photo, prise d'un seul angle, avec un seul grossissement –, ce qui permet aux traditionalistes de continuer à s'en remettre à quelques statistiques très convaincantes, pour affirmer que même ces deux flocons n'étaient probablement pas « identiques ».

Imaginez le nombre de flocons de neige tombés sur la planète depuis le début de son existence. Un calcul estime ce nombre à 10^{35} – c'est-à-dire 1 suivi de 35 zéros –, pour un poids en neige 50 fois supérieur à la masse de la Terre, même si chaque flocon ne pèse qu'un millionième de gramme. Il y en a certainement eu au moins deux semblables, direz-vous ? Eh bien, vous devez tenir compte du fait que chaque flocon contient quelque chose comme 10^{18} molécules d'eau, et que celles-ci peuvent être organisées de plusieurs manières différentes. Que veut dire « plusieurs » ? Un calcul approximatif suggère que pour un flocon donné, se développant graduellement au cours de sa chute, il pourrait y avoir un million d'occasions où les molécules d'eau ont la possibilité de s'attacher à plus d'un endroit. Ceci rend incroyablement grand le nombre de flocons possibles, des billions de billions de fois plus considérable que le nombre total de flocons jamais tombés. D'ailleurs, quelles sont les chances pour que deux flocons aient une histoire absolument identique ? Même deux ballons, lâchés exactement en même temps et au même endroit, suivent des trajets différents à cause d'imprévisibles souffles d'air. Et comme si ce n'était pas suffisant, même des flocons de neige suivant exactement le même trajet ne pourraient pas être identiques, car le premier absorberait des molécules d'eau qui, par conséquent, ne seraient plus disponibles pour le second.

L'inévitable conclusion de ces statistiques, c'est qu'il est plus qu'improbable que deux flocons de neige ne soient jamais absolument identiques. Si c'est le cas, que vient faire la photo de Nancy Knight dans le portrait ? Ou bien elle représente deux flocons de neige qui sont presque exactement identiques, et alors ne constitue guère plus qu'une curiosité, ou bien elle représente réellement la seule preuve de l'existence de deux flocons identiques, ce qui ferait de cette seule photo un chef-d'œuvre scientifique, le fait saillant de 400 ans de recherche sur les flocons de neige.

Fort comme une plume

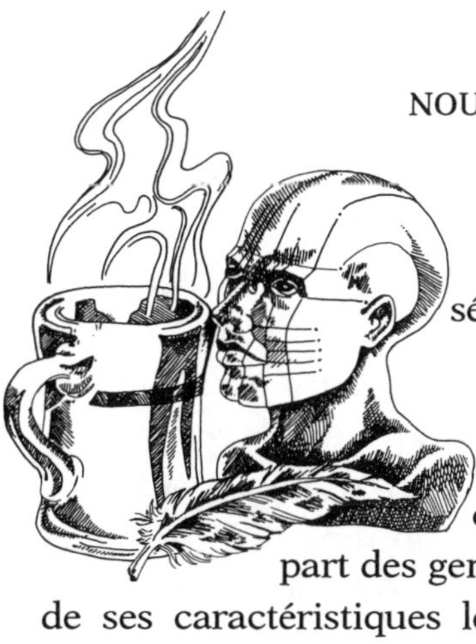

NOUS AVONS tous, à un moment donné, ramassé une plume que nous avons peut-être lissée du bout du doigt ou utilisée pour chatouiller quelqu'un et que nous avons ensuite jetée. À peu près tout le monde, également, peut décrire une plume, mais la plupart des gens ne remarquent jamais l'une de ses caractéristiques les plus évidentes : l'emplacement du tuyau. Celui-ci, plutôt que d'occuper le milieu de la plume, est déporté sur un côté, celui qui affrontait l'air quand la plume était encore fixée à l'oiseau. Ceci est très prononcé dans les pennes, particulièrement celles du bout extérieur des ailes, où le tuyau est presque directement dans le bord d'attaque. Même la petite barbe qui se dresse à partir du tuyau est plus ferme le long du bord d'attaque. Dans les plumes des ailes qui sont situées plus près du corps, cette disposition est moins prononcée, et les plumes qui recouvrent le corps lui-même sont presque symétriques.

Ceci n'est pas un hasard. Il y a d'excellentes raisons d'ordre aérodynamique pour que le tuyau, principal support de la plume, soit situé près du bord d'attaque. Il est crucial que chaque plume soit orientée dans la bonne direction à tout moment du vol : dans le mouvement descendant de l'aile, les pennes les plus à l'extérieur se séparent, chacune étant orientée vers le bas et fendant l'air comme une aile minuscule. À l'opposé, dans le mouvement ascendant, ces mêmes plumes se tournent pour laisser passer l'air, n'offrant aucune résistance au moment où l'aile remonte. Le mouvement descendant est celui qui soulève l'oiseau et, quand l'aile descend, la poussée de l'air se concentre près du bord d'attaque de l'aile – et non pas au milieu, comme on pourrait s'y attendre. Si la plume n'était pas renforcée près du bord d'attaque, elle se tordrait, ou même se déformerait, sous la contrainte, et l'oiseau perdrait tout contrôle[1].

1. Les Allemands ont dû payer pour l'apprendre, durant la Première Guerre mondiale, alors qu'ils avaient produit un nouvel avion monoplan, muni de longerons de renforcement situés près du centre des ailes. Les pilotes, l'un après l'autre, s'aper-

Si vous n'avez jamais remarqué la position du tuyau, vous êtes en bonne compagnie. Il existe un cas célèbre où les experts sont aussi passés à côté. Ces experts étaient des scientifiques engagés dans un débat sur l'habileté à voler d'une espèce d'oiseau éteinte, appelée archéoptéryx. Les seules traces existantes de cet animal se composent de six squelettes et d'une seule plume fossile. Mais, si la plume a laissé une empreinte parfaitement claire dans le roc, il a fallu plus de 100 ans avant que quelqu'un ne dise : « Regardons le tuyau de cette plume. »

L'archéoptéryx a vécu il y a environ 150 millions d'années, en pleine apogée des dinosaures. Ses os sont exactement comme ceux d'un certain nombre de dinosaures chasseurs communs, de la taille d'un pigeon, des animaux qui se déplaçaient sur leurs pattes de derrière et qui chassaient les insectes, les attrapant dans leurs griffes avant et les écrasant dans leurs petites mâchoires pleines de dents. Étalées autour des os tordus des squelettes fossiles de l'archéoptéryx, cependant, se trouvent des empreintes de plumes – des plumes parfaitement ordinaires. Ce sont pratiquement les seuls éléments qui font de cet animal autre chose qu'un simple dinosaure de plus, et il s'est trouvé plus d'un scientifique pour dire

çurent que tirer ces avions d'un piqué arrachait les ailes, et c'est seulement quand le concepteur, Anthony Fokker, déplaça les longerons vers l'avant de l'aile que les avions restèrent en vol.

que, sans les plumes, ces os auraient été étiquetés « dinosaure », puis enfermés dans des tiroirs et oubliés. En fait, c'est exactement ce qui est arrivé au plus récent archéoptéryx, dont la découverte a été annoncée en 1988. Il avait, pendant des années après avoir été découvert, fait partie d'une collection de fossiles amateur, sans être reconnu ; personne n'avait remarqué les traces à peine visibles de plumes autour des os.

Mais quelle sorte d'animal pouvait bien être ce petit lézard carnivore à deux pattes, qui se trouvait avoir aussi des ailes ? Les scientifiques croient qu'il s'agit d'un des premiers oiseaux, un animal bien en voie de devenir pleinement oiseau, mais conservant ses dents et son squelette de dinosaure. (En fait, ces squelettes d'archéoptéryx fournissent la preuve que les dinosaures ne sont pas disparus parce qu'ils constituaient un échec de l'évolution – leur succès s'est perpétué avec les oiseaux.) Mais, si l'archéoptéryx n'était guère plus qu'un lézard à plumes, pouvait-il voler ?

La question n'est pas simple, principalement parce qu'on ne peut compter que sur six squelettes en piteux état pour fournir la réponse. Ce que nous pouvons déduire de ces os tordus ne fait pas précisément ressembler l'archéoptéryx à une acrobate aérien : seulement de faibles portions de ses os auraient pu recevoir des muscles adaptés pour le vol (de sorte que ces muscles n'auraient pu être ni très grands, ni très puissants), il est dépourvu du bréchet permettant d'ancrer les gros muscles de la poitrine qui fourniraient normalement l'essentiel de la poussée en vol, aucun des os des bras n'est fusionné pour assurer la rigidité de structure nécessaire à l'absorption des puissants coups d'ailes, la ceinture pelvienne n'est pas assez forte pour supporter un atterrissage typique, et une étude suggère même que si l'archéoptéryx, plutôt lourd, avait osé battre des ailes, les os de celles-ci se seraient rompus sous la tension. Même les plumes ne semblent pas fermement implantées dans ces os, comme c'est le cas pour les oiseaux modernes ; elles sont plutôt simplement fixées dans la peau. Cela donnerait, au mieux, une machine volante plutôt branlante.

Mais il faut quand même justifier la présence des plumes. Des plumes courtes, recouvrant le corps, peuvent servir à isoler – en fait, à cette fin, les plumes font aussi bien l'affaire que le duvet – de sorte que, si vous êtes de ceux qui croient que les dinosaures avaient le sang chaud, vous pouvez expliquer la présence des plumes sur le corps de cette façon. Mais, alors, que penser des longues plumes fixées aux membres avant déployés ? Elles n'ont rien à garder au chaud, et les scientifiques ont regardé de tous côtés pour tenter de les expliquer. L'un des experts mondiaux de l'archéoptéryx, John Ostrom de l'Université Yale, a avancé en 1970 l'hypothèse que les longues plumes des ailes aidaient l'animal dans sa chasse aux insectes. Il voyait les ailes comme des pièges, l'archéoptéryx se déplaçant à toute vitesse sur ses pattes arrière, les plumes de ses membres avant déployées, soit pour frapper les insectes en vol ou pour les envelopper. Ostrom a depuis abandonné cette idée, mais elle a au moins permis d'imaginer que les ailes pouvaient servir à d'autres fins que le vol.

Certains scientifiques croient maintenant que l'archéoptéryx pourrait avoir chassé dans des eaux peu profondes, à la manière du héron noir africain actuel. Celui-ci se tient immobile, les ailes déployées, créant un petit coin d'ombre dans l'eau. Pour la pêche, c'est parfait. Les poissons recherchent l'ombre, celle-ci élimine l'éblouissement de la lumière, permettant au héron de frapper avec plus de précision, le fond sombre des ailes rendant aussi les mouvements de la tête du héron plus difficiles à détecter pour les poissons. Parmi les possibilités, donc, des plumes pour faire de l'ombre.

Il y a aussi d'autres explications pour les plumes de l'archéoptéryx mais, à mon avis, l'une des meilleures observations, dans tout ce débat, est aussi l'une des plus simples. Deux scientifiques américains, Alan Feduccia et Harrison Tordoff, ont simplement étudié en 1978 le premier de tous les fossiles d'archéoptéryx : une simple plume trouvée en 1860. Le tuyau est de toute évidence situé très loin sur un côté, exactement comme dans les pennes des oiseaux actuels. Faisant remarquer que les plumes ont cette configuration seulement quand elles servent à voler, Feduccia et Tordoff conclurent que l'archéoptéryx était probablement un animal volant.

Les oiseaux modernes qui ne peuvent voler, telles les autruches, ont des plumes dont le tuyau est situé exactement au centre. D'autres oiseaux, dont on croit qu'ils ont perdu l'aptitude à voler assez récemment, en ce qui a trait à l'évolution, ont des plumes dont le tuyau se dirige vers le centre sans l'avoir encore tout à fait atteint. D'un autre côté, mieux l'oiseau vole, plus la tendance du tuyau à être situé près du bord d'attaque de l'aile est prononcée. Les faucons et les colibris ont le tuyau qui sort presque de la plume. Alors, disent-ils, cela signifie sûrement que l'archéoptéryx, malgré un squelette peu approprié, a dû voler – et même plutôt bien. On n'a certainement pas encore dit le dernier mot dans cette histoire, mais on se demande pourquoi il a fallu attendre jusqu'à 1978 pour que quelqu'un considère la plume de 1860 et remarque quelque chose que n'importe qui aurait pu voir au premier coup d'œil. D'une certaine manière, il est rassurant de voir que même les experts passent parfois à côté de l'évidence.

Un chapitre à vous faire bâiller

ON POURRAIT penser qu'il y a seulement deux questions importantes sur le bâillement: pourquoi bâillons-nous et pourquoi, quand quelqu'un se met à bâiller, d'autres l'imitent-ils immédiatement? Mais les scientifiques y vont beaucoup plus prudemment: ils veulent d'abord s'assurer qu'ils savent ce qu'est effectivement un bâillement. C'est « un acte moteur stéréotypé et souvent répétitif, caractérisé par une grande ouverture de la bouche et accompagné d'une longue inspiration, suivie d'une courte expiration ». Cette définition est peut-être longue et précise, mais elle fait du bâillement une simple respiration. À part le fait que, dans les deux cas, de l'air entre et sort, la sensation ne pourrait pas en être plus dissemblable. On a l'impression que si c'est là la définition du bâillement, alors on n'est pas rendu loin.

À quelle fréquence bâillons-nous ? Des étudiants, assis seuls dans une pièce pendant une demi-heure, appuyaient sur un bouton chaque fois qu'ils commençaient à bâiller et le relâchaient quand ils avaient fini. Ils ont établi que la longueur d'un bâillement moyen est de six secondes, à deux secondes près. Mais, étonnamment, la fréquence du bâillement varie de 1 à 76 toutes les demi-heures. Si chacun de ces 76 bâillements a duré 6 secondes, alors l'individu a passé la demi-heure tout entière à bâiller, avec en moyenne seulement 17 secondes de pause entre chaque bâillement.

Une théorie populaire veut que nous bâillions pour amener plus d'oxygène au cerveau ou, à l'inverse, pour éliminer l'excès de gaz carbonique de notre sang. Plus il y a d'oxygène dans le sang, plus nous pouvons brûler de glucose pour produire de l'énergie. Le gaz carbonique est un déchet qui prend, dans nos globules rouges, un espace qui pourrait servir pour l'oxygène. Ce déchet peut même s'accumuler, si nous passons de longues périodes sans respirer en profondeur. Cette théorie expliquerait pourquoi nous bâillons quand nous sommes fatigués, ou assis dans une salle de conférence mal aérée et surchauffée, à trois heures de l'après-midi : nous manquons d'air frais.

Mais l'un des rares psychologues à étudier le bâillement, Robert Provine, de l'Université du Maryland, a découvert que le fait de changer la quantité de gaz carbonique ou d'oxygène ne semble pas affecter le bâillement. Respirer de l'oxygène *pur* n'a pas fait bâiller moins les sujets étudiés, et respirer de l'air riche en gaz carbonique ne les a pas fait bâiller plus. L'expérience s'étant déroulée en laboratoire, elle a pu d'une certaine manière passer à côté d'un facteur essentiel mais, si la cause du bâillement était simplement le niveau de gaz dans le sang, ces expériences devraient montrer certains résultats – alors que ce n'est pas le cas.

Ces expériences n'éliminent cependant pas totalement l'idée que le bâillement pourrait rafraîchir un cerveau privé d'oxygène. Il est possible qu'en forçant ainsi la bouche à s'ouvrir toute grande, quand vous bâillez, et en vous étirant en même temps, vous contractez certains vaisseaux sanguins, en même temps que vous en dilatez d'autres, ce qui a pour conséquence de pousser plus de sang au cerveau. Plus de sang signifie plus d'oxygène, et vraisemblablement un esprit plus éveillé. Ouvrir la bouche toute grande est effectivement une partie importante du bâillement: des volontaires bâillant en serrant les dents ont rapporté que l'expérience était très anormale et qu'elle ne permettait aucunement de satisfaire le besoin de bâiller. Essayez-le vous-même et vous verrez à quel point ce n'est pas du tout satisfaisant. La difficulté à expliquer pourquoi il en est ainsi ne fait que souligner le peu de compréhension que nous avons du bâillement. Après tout, on peut toujours inspirer et expirer même avec les dents serrées ; alors ce ne peut être le manque d'air frais qui nous laisse insatisfait. Peut-être est-il vrai que l'ouverture toute grande des mâchoires et la contraction des muscles faciaux qui en résulte occasionnent réellement des changements dans l'écoulement du sang vers le cerveau. Mais cela signifie-t-il que vous pourriez, au lieu de bâiller, vous contenter d'ouvrir la bouche aussi grand que possible pendant quelques secondes, inspirer et expirer, et obtenir les mêmes résultats et la même satisfaction ? Non, ce ne serait pas la même chose.

Les médecins ont fait des observations qui laissent croire que le bâillement est contrôlé par une portion très primitive du cerveau, une zone qui fonctionne pour l'essentiel sur pilotage automatique, hors de la portée de la conscience. Il existe une terrible malformation de naissance, l'anencéphalie, dans laquelle il manque au nouveau-né la majeure partie du cerveau. Ces enfants (qui ne vivent d'habitude pas longtemps) n'ont pas d'hémisphères cérébraux, ces parties supérieures convolutées du cerveau où ont lieu la plupart des activités de notre pensée. Pourtant, ils n'ont aucune difficulté à bâiller, ce qui signifie que le contrôle du bâillement doit se trouver dans l'une des rares parties du cerveau qu'il leur reste – une zone plus basse, plus « primitive », tel le bulbe rachidien, structure située à la base du cerveau et qui est responsable de la respiration normale. Il semble raisonnable d'affirmer que le bâillement est bel et bien hors de portée de votre conscience ; non seulement vous mettez-vous à bâiller sans même y penser, mais il vous sera aussi vraiment difficile de vous en retenir, une fois que vous aurez commencé – un bâillement puissant peut facilement outrepasser vos efforts conscients pour l'arrêter[1].

Ce centre du bâillement est sûrement doté d'un ensemble compliqué de connexions, à l'intérieur du cerveau, car il doit déclencher des bâillements en réponse à toutes sortes de stimulus différents, allant de la fatigue à l'ennui, en passant par la vue d'autres personnes en train de bâiller. En fait, l'absence de bâillement peut indiquer un problème, non pas dans ce centre du bâillement, mais dans une autre partie du cerveau à laquelle il est relié. Le psychiatre Hans Lehmann, de l'Université McGill, a remarqué qu'il ne voyait presque jamais bâiller des malades mentaux – en

---

1. On rapporte également des cas de patients ayant un bras paralysé par suite d'une attaque ou d'autres lésions cérébrales, et dont le membre paralysé a miraculeusement bougé pendant un bâillement ! Ces patients n'ont aucun contrôle de leur mouvement : simplement, le bras s'étend de lui-même, comme il le ferait normalement pendant un bâillement. Ce phénomène étrange suggère qu'il y a, entre le bâillement et l'étirement, un lien qui outrepasse complètement le contrôle volontaire normal du mouvement.

salle ou dans les autobus, dans les rassemblements publics ou au restaurant. Pour Lehmann, il était parfaitement logique que ces patients, dont la plupart étaient schizophrènes, ne bâillent pas, car ils étaient si dépourvus d'émotions qu'ils n'avaient que peu d'intérêt pour ce qui se passait autour d'eux. Selon lui, pour trouver ce qui se passe autour de vous ennuyeux au point d'en bâiller, il faut que vous soyez conscient qu'il se passe bien quelque chose. Ces patients étaient trop renfermés pour être conscients de ce qui se passait autour d'eux, de sorte qu'ils ne pouvaient s'ennuyer et, donc, ne bâillaient pas. On dit qu'il est encourageant de voir un malade mental bâiller, car cela suggère qu'il essaie de prendre contact avec la réalité.

Ce qu'il y a de plus mystérieux, au sujet du bâillement, c'est qu'il est contagieux. Vous voyez quelqu'un bâiller, vous bâillez vous-même. On explique parfois cela comme une coïncidence – tout le monde bâille en même temps parce que la circulation d'air est réduite et qu'il manque d'oxygène dans l'air, de sorte que c'est seulement en apparence que le bâillement est contagieux. Mais, comme je l'ai déjà fait remarquer, des expériences ont démontré que le fait de respirer de l'air trop riche en gaz carbonique n'affecte pas la fréquence du bâillement. Ce qui est plus important, c'est que vous n'avez même pas à vous trouver dans la même pièce que quelqu'un qui bâille pour ressentir le besoin de bâiller. Des étudiants dans le laboratoire de Robert Provine, regardant un acteur sur vidéo, bâillaient beaucoup plus souvent si l'acteur bâillait que s'il souriait (55 p. cent contre 24 p. cent).

En fait, vous serez enclin à bâiller simplement en lisant sur le sujet (comme vous l'avez sans doute déjà remarqué). Le son d'un bâillement entraîne même des aveugles à en faire autant. Nous avons démontré le pouvoir de cette contagion dans notre émission *Quirks and Quarks*, en décembre 1988 quand, après avoir fait quelques brefs commentaires sur certaines recherches en bâillement, j'ai demandé à tout auditeur qui avait ressenti le besoin de bâiller pendant que je parlais de nous écrire. Je m'attendais au plus à deux douzaines de lettres (après tout, nous ne remettions pas de tee-shirts ni ne promettions de mentionner qui que ce soit sur les ondes), mais nous fûmes tous stupéfaits par l'avalanche de lettres. Au dernier calcul, nous en avons compté près de 300, et il en est ressorti l'impression que des milliers de Canadiens et de Canadiennes avaient bâillé irrésistiblement vers 12 h 50, le 17 décembre 1988, en écoutant la radio.

Pourquoi répondre à quelqu'un qui bâille en bâillant soi-même ? La théorie la plus populaire veut que le bâillement soit un reliquat de notre passé animal ancestral, quelque chose que l'on appelle un « comportement d'action stéréotypée ». Il s'agit d'une réaction automatique à un signal, commune chez les oiseaux et les animaux – par exemple, une grenouille se précipitera avidement, et étourdiment, sur tout petit objet foncé et mouvant. Mais pourquoi bâiller simplement parce que d'autres humains le font ? Au début des années 60, l'anthropologue Ashley Montagu, l'un des partisans de l'idée selon laquelle le bâillement augmentait la vigilance en détournant du sang frais vers le cerveau, a fait l'hypothèse que le bâillement de groupe augmenterait, par ce mécanisme, la vigilance de tous. D'un autre côté, dans un bel exemple de la manière dont toute théorie est bonne, si vous avez très peu de données, un médecin anglais du nom de Malcolm Weller a suggéré, récemment, exactement le contraire : la contagion du bâillement pourrait avoir commencé, chez les animaux sociaux, comme un signal pour dormir, pas pour revivre. Weller pense que, si un animal fait part de sa fatigue en bâillant, la meute l'imitera et s'installera bientôt pour la nuit.

Ce portrait de nos ancêtres lointains qui s'adonnaient au bâillement communautaire pour le bien du groupe est parfait et, si ce comportement est devenu automatique, nous pourrions bien être en train de le perpétuer aujourd'hui, malgré qu'il ne serve plus à rien depuis longtemps. Mais c'est délicat de se servir ainsi de ce que les anthropologues *croient* avoir été le comportement de nos ancêtres pour expliquer pourquoi nous faisons de même aujourd'hui.

Si nos ancêtres primitifs se servaient du bâillement comme d'un signal, à quel moment avons-nous commencé à nous couvrir la bouche quand nous bâillons ? De toute évidence, il aurait été absurde, pour les animaux qui se servaient des bâillements pour se lancer des signaux, de cacher ces mêmes bâillements avec leurs mains ou leurs pattes. Vous pouvez avancer que le fait de se couvrir la bouche est une invention humaine culturelle récente, venue se superposer à l'habitude ancienne de bâiller ouvertement. Mais alors vous ne tenez pas compte de certaines observations intrigantes au sujet de nos plus proches parents vivants.

En étudiant les habitudes des gorilles et des singes modernes, les scientifiques croient qu'ils peuvent déduire certains des comportements de nos lointains ancêtres simiesques, il y a des millions d'années. Le bâillement est un signal social, parmi des animaux comme les singes, les babouins, mais un signal d'agressivité. Les mâles dominants, chez les babouins, se lancent dans des « bâillements de menace », un geste que certains scientifiques jugent plus menaçant que lever un sourcil ou fixer du regard. L'anthropologue John Hadidian a passé 700 heures à regarder bâiller les singes noirs et il est arrivé à la conclusion que ceux qui bâillaient étaient les mâles dominants : le mâle numéro un bâillait en moyenne trois fois par heure, alors que le numéro quatre ne bâillait qu'une fois toutes les trois heures. Ces singes, de même que plusieurs autres espèces apparentées, ont des canines particulièrement longues, que révèle avantageusement un bâillement.

Certains biologistes ont même rapporté avoir vu des animaux subalternes se couvrir la bouche de la patte quand ils bâillaient, apparemment dans le but d'éviter que leur bâillement ne soit interprété comme une menace qu'ils seraient incapables de soutenir. Nous affirmons nous couvrir la bouche parce qu'autrement ce serait être « mal élevé », mais peut-être est-ce simplement une façon civilisée de dire que le bâillement, d'une certaine façon, est menaçant. Quelqu'un qui vous bâille en plein visage, la bouche ouverte, ne vous menace sans doute pas physiquement, mais il peut ainsi vous lancer un message peu flatteur, voire hostile (même si les canines ne sont pas apparentes[2]). Ce qu'il faudrait faire ici, c'est étudier des groupes humains pour voir si les individus dominants se soucient moins de se couvrir la bouche et si les personnes soumises s'en préoccupent davantage. Les acolytes du Parrain riaient toujours quand leur patron riait, et cessaient de rire quand il s'arrêtait. Que faisaient-ils quand il bâillait ?

Et quand toute cette recherche aura trouvé sa signification, et que nous saurons exactement pourquoi nous

2. Juste pour donner un tour de plus à cette histoire, Robert Provine a montré, dans sa recherche, que les gens bâillent en réaction à un visage qui bâille, même si la bouche n'est pas visible – les yeux et le front étant suffisants pour inciter au bâillement. De sorte que le fait de vous couvrir la bouche quand vous bâillez n'empêche pas votre bâillement d'être contagieux.

bâillons, et plus particulièrement pourquoi nous bâillons quand d'autres bâillent, que ferons-nous des données sur les rats ? Les données sur les rats ? Diverses études ont établi que certaines drogues engendrent rapidement deux réactions chez les rats : le bâillement et l'érection.

À boire debout

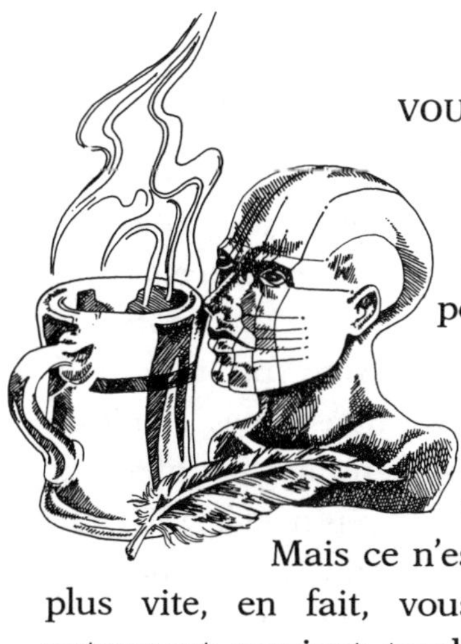

VOUS SEMBLE-T-IL évident, quand vous êtes pris sous une grosse averse de pluie, que vous devriez courir aussi vite que possible vers votre destination, afin de minimiser la quantité de pluie qui vous tombe dessus ? Plus ce sera court, moins vous aurez de pluie ? Mais ce n'est pas aussi simple. En allant plus vite, en fait, vous attrapez des gouttes qui autrement seraient tombées devant vous, sans vous atteindre. Ah ! mais, direz-vous, nous laissons aussi tomber derrière nous des gouttes qui nous auraient atteints. C'est vrai, mais alors que penser d'une pluie qui tombe avec une inclinaison et qui vous atteint soit dans le visage, soit dans le dos ?

Heureusement, quelques scientifiques et mathématiciens ont pris ce problème au sérieux. Leurs analyses n'arrivent pas toutes aux mêmes résultats, mais ils s'entendent sur un certain nombre de stratégies permettant de rester aussi sec que possible quand on doit marcher sous la pluie.

Si l'on attaque le problème scientifiquement, on ne se sert jamais d'un vrai corps humain pour faire ses calculs – on crée un « modèle » du problème à l'aide d'une forme géométrique, qui ressemble approximativement au corps et facilite énormément les calculs mathématiques. Alessandro De Angelis, de l'Institut de physique de l'Université d'Udine, en Italie, a créé, pour servir d'humain, ce qu'il appelle un « parallélépipède rectangulaire » (ressemblant un peu à une boîte de céréales) ; S.A. Stern, de l'Université du Texas, s'est contenté pour cela d'un « élément de surface plane carrée ». Ces deux représentations géométriques d'humains sont programmées pour se déplacer horizontalement dans un espace imaginaire, avec de la pluie venant d'en haut et s'abattant lourdement sur eux – une pluie de physiciens, bien sûr, avec des gouttes uniformes, tombant d'une manière uniforme (« une trombe d'eau d'une intensité uniforme de *N* gouttes par seconde par unité de surface, horizontalement isotropique et invariante dans le temps », comme la décrit Stern). Évidemment, les deux physiciens mentionnés expliquent qu'il ne faut pas seulement se pencher sur la pluie qui tombe : il faut aussi prendre en compte les gouttes de pluie avec lesquelles vous entrez en collision quand vous courez. (Tout comme les premières gouttes qui vous mouillent, quand vous entrez dans la douche, sont des gouttes avec lesquelles vous entrez en collision, et non pas des gouttes qui vous tombent dessus.) Ces gouttes constituent une seconde source importante d'humidité à introduire dans les calculs.

L'analyse de Stern montre que la vitesse à laquelle vous vous déplacez n'affecte pas le nombre de gouttes qui vous atteignent venant d'en haut, mais peut influencer le nombre de gouttes que vous rencontrerez venant de devant, les gouttes que vous frappez en avançant. Plus vous avancerez vite, moins vous rencontrerez de ces gouttes. Vous aurez peut-être l'*impression* qu'une plus grande quantité de pluie vous frappe, à cause de l'augmentation du nombre de gouttes par unité de temps, mais le nombre total de gouttes sera moindre si vous vous dépêchez. Stern indique que le mieux est de minimiser la surface offerte à la pluie rencontrée, en vous penchant vers l'avant autant que vous le pouvez. L'idéal, selon lui, serait de fendre la pluie en vous étendant sur une planche à roulettes mais, comme cela n'est pas pratique, vous pourriez toujours courir de côté, aussi vite que possible et en vous penchant autant que vous le pouvez dans la direction où vous allez.

De Angelis, d'un autre côté, arrive aux mêmes conclusions, mais avec une approche légèrement différente et très continentale. Il a publié un article dans le *European Journal of Physics*, intitulé « Is It Really Worth Running in the Rain ? » et dans lequel il est d'accord avec Stern pour dire que plus vous allez vite moins vous vous mouillez, mais avec des chiffres qui suggèrent que, si vous marchez d'un bon pas (trois mètres à la seconde), vous vous mouillerez seulement 10 p. cent plus que si vous courriez à la vitesse d'un *sprinter* (dix mètres à la seconde). Comme il dit, « le bénéfice... ne justifie pas l'effort supplémentaire ». On a l'impression que De Angelis préférerait siroter un expresso à l'abri, en attendant que la pluie cesse.

Qu'arrivera-t-il si nous allons au-delà du modèle de laboratoire, étroitement contrôlé, de la trombe d'eau idéale du physicien ? De nouveaux calculs montrent que, quand les gouttes sont plus grosses, elles sont moins nombreuses à vous atteindre, mais leur taille fait en sorte qu'elles déversent plus d'eau sur vous. Et, s'il vente, vous devez pousser un peu plus loin l'analyse. Techniquement, sinon pratiquement, il est toujours correct de vous déplacer rapidement, si le vent vous souffle la pluie dans le visage ou sur le côté, mais vous devrez procéder à une modification si la pluie vient de derrière. Courir vite, dans ce cas, ne servira qu'à vous mouiller davantage, car alors vous rattraperez des gouttes d'eau avec lesquelles vous entrerez en collision. Vous devez tenter d'accorder votre vitesse avec celle à laquelle tombent les gouttes qui vous arrivent de derrière. Plus leur vitesse horizontale sera grande, plus vous devrez courir vite.

Si vous n'arrivez pas à adapter votre vitesse soigneusement à celle de ces gouttes, vous pourriez vous mouiller jusqu'à quatre fois plus que nécessaire. Mais, comme le fait remarquer le Dr De Angelis, il y a une limite à la vitesse à laquelle on doit s'attendre qu'une personne coure pour demeurer un peu plus sèche. Le mathématicien David Bell a calculé que, pour conserver la même allure qu'un vent de derrière qui vous souffle dans le dos avec une inclinaison de 45° (et pour demeurer plus sec), il faudrait que vous courriez au rythme du mille en quatre minutes. Vous seul pouvez décider si cela en vaut la peine.

Il existe évidemment une pluie torrentielle sous laquelle vous pourriez théoriquement demeurer parfaitement sec. Si la pluie était soufflée si fort qu'elle se déplaçait parallèlement au sol, et si vous pouviez conserver la même vitesse qu'elle, alors vous n'auriez qu'à courir avec elle pour ne jamais être mouillé. Vous ne rattraperiez jamais les gouttes qui sont devant vous, les gouttes qui sont derrière ne pourraient vous rattraper, et aucune ne vous tomberait sur la tête, car elles se déplaceraient toutes horizontalement. Mais dès que vous arrêteriez vous seriez trempé.

Dans la plupart des cas donc, ce qui compte dans un orage, c'est de courir aussi vite que vous pouvez (ou voulez), pour rester plus sec, sauf dans le cas particulier où la pluie vous atteint de derrière. Alors vous devez adapter votre vitesse à la vitesse horizontale de la pluie. Voilà un exemple parfait de la beauté de la science du quotidien. Après des lignes et des lignes de calculs, dans des revues ésotériques, vous vous retrouvez avec des vêtements plus secs dans un orage. Évidemment, si votre corps dévie ici et là de l'« élément de surface plane carrée » ou du « parallélépipède rectangulaire », vous ne pourrez blâmer le mathématicien pour vous être retrouvé plus mouillé que la théorie ne le prédisait.

Envoie la balle !

LES AMATEURS de base-ball ont beau aimer se vanter de la subtilité de leur sport, ils demeurent séduits par ce qui saute aux yeux : les coups de circuit au deuxième balcon et les balles rapides à 150 kilomètres à l'heure. En même temps, un lancer tel que la balle papillon est en général écarté et considéré comme un lancer bizarre et comme le dernier recours d'un lanceur bedonnant, entre deux âges, ayant perdu sa balle rapide. Pourtant, la balle papillon est un lancer unique qui défie la compréhension des frappeurs aussi bien que des scientifiques.

Les lancers courants du base-ball – la balle courbe, la tombante, la rapide – se soumettent servilement aux lois de la nature, qui dictent la courbe que peut suivre une balle. Pas la balle papillon. Normalement, ces lois permettent de prédire la destination et le trajet d'une balle, mais cela est impossible avec la balle papillon.

De prime abord, il s'agit d'un lancer peu spectaculaire. Un lanceur de balles papillons n'envoie pas la balle directement au marbre, il la lobe. Mais, alors qu'on pourrait s'attendre à ce que cela la rende vulnérable, la balle papillon compense son manque de vitesse par d'étranges mouvements. Elle peut plonger soudainement, ou s'élancer d'un côté ou de l'autre ou, au moment où l'on s'y attend le moins, planer directement au-dessus du marbre. C'est un lancer si imprévisible que Paul Richards, qui était le receveur habituel du grand lanceur de balles papillons Hoyt Wilhelm, a inventé un énorme gant de receveur pour s'assurer qu'il pouvait mettre la main sur la balle au passage. Même s'il *savait* qu'une balle papillon s'en venait, il n'avait pas la moindre idée de l'endroit où elle irait. Pour comprendre pourquoi une balle papillon est si vicieuse, il faut commencer par quelque chose de simple: les raisons qui font qu'une balle décrit une courbe quand elle tourne sur elle-même.

La première personne à avoir étudié la trajectoire courbe d'objets tournant sur eux-mêmes fut Benjamin Robins, scientifique anglais du début du XVIIIe siècle. Ce « philosophe de la nature » (comme on les appelait à l'époque) a publié, en 1752, un livre intitulé *New Prin-*

ciples of Gunnery où il décrivait quelques expériences ingénieuses qui démontraient que les balles de mousquet dévient de la ligne droite en fonction de leur mouvement de rotation – exactement le phénomène que les lanceurs de base-ball exploitent à chaque tir.

Pour ses expériences, Robins faisait des démonstrations à grande échelle. Il aménagea un champ de tir au mousquet dans un jardin anglais, un mur de pierre servant de cible à un bout du jardin. Puis il fixa solidement en place un mousquet, à 90 mètres du mur visé. Entre le mousquet et le mur, Robins dressa deux écrans géants de papier de soie extrêmement fin, l'un à seulement 15 mètres du mousquet, l'autre 15 mètres plus loin, les deux directement dans la ligne de tir. Il tira alors une série de balles de 30 grammes, devant une foule de curieux qui le regardaient faire[1].

Chaque coup perça un écran puis l'autre, pour finalement s'écraser dans le mur. En mesurant à quelle distance à gauche ou à droite de la ligne droite se trouvaient les trous dans les écrans (et la marque sur le mur), Robins fut en mesure de noter la trajectoire de

1. Le contexte rapporté par Robins donne à penser que ces spectateurs étaient probablement des sceptiques en puissance, car il exprimait l'espoir que le fait d'avoir réalisé ces expériences de cette « manière publique… me mettra à l'abri des dures et malveillantes censures auxquelles s'exposent généralement les proposeurs de nouvelles idées ».

chaque balle. Ayant effectué l'expérience plusieurs fois sans public, il savait à quoi s'attendre. Le point d'impact final de la balle sur le mur, au bout du jardin, se trouvait aussi loin qu'à 1 mètre, d'un côté ou de l'autre du premier trou, dans le premier écran. Cela fait une courbe de 1 mètre sur une distance de 76 mètres, laquelle, assez curieusement, équivaut à peu près à une courbe de 25 centimètres sur la distance entre le monticule du lanceur et le marbre, bien en deçà des courbes enregistrées par les chercheurs modernes pour les balles de base-ball.

Non seulement Robins était-il passablement certain de ce qui se passerait avant d'inviter la foule à regarder, mais il avait aussi une théorie pour l'expliquer. Il était convaincu qu'une balle de mousquet devait tourner sur elle-même pour suivre une telle courbe, et il soupçonnait que c'était le frottement du canon qui lui imprimait ce mouvement de rotation. Il calcula aussi qu'une rotation dans le sens des aiguilles d'une montre (vue d'en haut) imprimait à la balle une courbe vers la droite et qu'une rotation en sens inverse lui imprimait une courbe vers la gauche.

Ainsi, avec un sens infaillible de la mise en scène, Robins courba le canon d'un mousquet à un angle de 3 à 4 degrés vers la gauche, visa le premier écran et tira. Vous vous attendriez à ce qu'un mousquet pointant vers la gauche dirige la balle à gauche, mais Robins eut l'audace de prédire à la foule de curieux que la balle « se courberait vers la droite ». Il comptait sur le fait que la balle roulerait contre le côté droit du canon courbé, acquérant ainsi un tel mouvement de rotation dans le sens des aiguilles d'une montre que, le temps d'atteindre le mur, elle frapperait à *droite* du centre – ce qu'elle fit, de façon spectaculaire. Même si la balle sortant de ce canon crochi frappa le premier écran 3,8 centimètres à gauche d'un coup précédent, et encore 7,6 centimètres à gauche, dans le deuxième écran, elle avait – tel que prévu – une courbe de 35,6 centimètres vers la droite, au moment de frapper le mur de pierre. Robins n'a pas noté les réactions de ses pairs, mais ceux-ci ont dû être impressionnés.

Non seulement Benjamin Robins mérite-t-il d'être reconnu comme la première personne à avoir effectivement réalisé des expériences démontrant la trajectoire courbe de balles tournant sur elles-mêmes, mais il avait aussi une assez bonne idée de la raison pour laquelle elles suivaient ainsi une courbe. Il suggéra qu'une balle tournant sur elle-même crée un genre de tourbillon autour d'elle – d'un côté de la balle, le tourbillon et l'air d'attaque se déplacent dans la même direction, de l'autre ils s'opposent. La balle se courbe du côté où le tourbillon et l'air extérieur se déplacent dans la même direction.

Aujourd'hui, les jardins anglais ont cédé la place aux tunnels aérodynamiques, et les physiciens peuvent suspendre et faire tourner des balles de base-ball (et d'autres objets) dans des courants d'air se mouvant à la vitesse de leur choix. Tout ce qui s'y passe peut être photographié, enregistré sur bande magnétique et analysé. Il se trouve que la théorie de Robins, avec son tourbillon autour d'une balle de mousquet tournant sur elle-même, n'était pas loin de la vérité – il y a bel et bien une très mince couche d'air qui reste collée à la balle de base-ball et qui tourne avec elle pendant la rotation. Cette couche limite, comme on l'appelle, s'agrippe à la surface de la balle par friction. Plus la surface de la balle est rude, plus la couche limite est épaisse. (Je ne sais pas trop ce qui arrive à la couche limite quand la balle repose dans la sacoche de l'arbitre – personne n'a encore fait d'expériences à ce sujet.)

La couche limite est la clé de tous les lancers au baseball. Imaginez que vous planez au-dessus d'une balle tournant sur elle-même dans le sens des aiguilles d'une montre, en se rendant du monticule au marbre. Du côté gauche, la balle et sa couche limite tournent face à l'air d'attaque mais, du côté droit, l'air extérieur et la couche limite se déplacent ensemble. L'air, de ce côté, longera doucement la balle. Mais du côté gauche, où la couche limite tourne face à l'air d'attaque, il y a un problème. Les deux zones d'air entrent en collision, créant une turbulence – l'air se fait couper en morceaux –, et la couche limite, par conséquent, au lieu d'étreindre la surface de la balle, est arrachée. Quand la couche limite est arrachée d'un côté de la balle, elle laisse derrière un sillon houleux, comme celui qui suit le passage d'un hors-bord. La balle est alors poussée dans la direction opposée au sillon, dans ce cas-ci du côté droit, où il n'y a pas de pareille turbulence.

Donc, une balle tournant dans le sens des aiguilles d'une montre, quand vous la regardez du dessus, suivra une courbe de gauche à droite. Si elle a un excédent de rotation, elle suivra une courbe vers le bas : c'est la balle courbe des lignes majeures. Si elle manque de rotation, elle demeurera en l'air plus longtemps, ce qui pourrait expliquer la prétendue balle rapide montante. La couche d'air limite autour de la balle explique tous les lancers courants du base-ball, et l'on peut prédire le comportement de chacun d'eux, de la même manière que Benjamin Robins pouvait prédire la trajectoire de ses balles de mousquet. Mais alors, qu'en est-il de la balle papillon – comment expliquez-vous un lancer qui est totalement irrégulier et imprévisible ? Quelle lacune la balle papillon exploite-t-elle ?

C'est vraiment très simple : les balles de mousquet, les balles rapides et les courbes tournent toutes sur elles-mêmes, mais la balle papillon n'a presque aucune rotation. En fait, elle ne porte pas tout à fait bien son nom anglais de *knuckleball*, car on la tient avec le bout des doigts, et non pas avec les jointures. Et, à l'inverse de la plupart des tirs, on la lance le poignet raide, de manière à minimiser la rotation – certains lanceurs comparent la balle papillon au pépin de melon d'eau qu'on projette en le pressant entre les doigts. Le manque de rotation fait faire des choses étranges à la balle. Le Dr Robert Watts, de l'Université de Tulane, a placé des balles de base-ball dans des tunnels aérodynamiques et leur a imprimé différentes rotations, face au vent, pour tenter de déterminer ce qui différenciait la balle papillon. Il fut surpris de découvrir que si la balle avait une rotation très lente, dans le tunnel, elle était soumise à diverses forces de côté. Une poussée du côté gauche, qui s'intensifiait graduellement pendant que la balle tournait lentement sur elle-même, changeait soudainement de direction, et la balle subissait une poussée vers la droite. Watts en a conclu que la couture de la balle était la clé.

Une balle de base-ball est cousue de 216 points, disposés selon un tracé en huit continu et qui équivalent – ce sont là les seules caractéristiques topographiques d'une peau de vache par ailleurs plutôt lisse – à de véritables chaînes de montagnes. Toutefois, celles-ci sont sans importance si la balle tourne rapidement, car les points apparaissent comme une masse confuse face à l'air d'attaque, et la balle se comporte comme si sa surface était relativement lisse. Mais une balle qui tourne très lentement, dans son trajet vers le marbre, offre à l'air d'attaque, à tout moment, un arrangement différent de points. En fait, du point de vue aérodynamique, la balle papillon est virtuellement un *objet* différent de seconde en seconde, et il n'y a pas moyen de savoir quand l'écoulement d'air, autour de la balle, changera soudain, poussant brusquement la balle dans une direction ou une autre.

Robert Watts a calculé que la balle papillon idéale ne devrait faire qu'un quart de tour dans son trajet du monticule au marbre, ce qui devrait maximiser les chances de voir arriver quelque surprise aérodynamique. Watts a pu voir, dans le tunnel aérodynamique, ces forces soudaines et imprévisibles se développer, quand la balle adopte les positions appropriées, et il a même observé une curieuse de bascule, qui doit se produire, selon lui, quand la couche d'air limite se sépare de la balle exactement à l'endroit où se trouve la couture. À ce moment-là, l'écoulement d'air bascule d'avant en arrière, de part et d'autre de la couture, ce qui donne un petit coup à la balle à chaque mouvement de bascule.

Ainsi, Robert Watts attribue les réactions imprévisibles de la balle papillon à l'asymétrie des points et aux déséquilibres qu'ils entraînent dans l'écoulement d'air. Mais la balle papillon n'a peut-être pas encore livré tous ses secrets. D'autres scientifiques croient que la balle papillon change brusquement de direction parce qu'elle voyage juste à la bonne vitesse pour connaître ce que l'on appelle le « point critique de traînée ». C'est ce qui se produit quand l'écoulement d'air sur la balle passe brusquement d'un courant lisse, laminaire, à un courant turbulent, ou vice versa. Pour certains chercheurs même, la balle papillon plane si près du point critique de traînée que l'écoulement d'air pourrait être lisse sur une partie de la balle et turbulent sur l'autre. Si c'est le cas, nul doute que la balle sera projetée brusquement d'un bord ou de l'autre.

En fin de compte, est-il important de savoir si les mouvements irréguliers de la balle papillon sont causés par la couture ou le point critique de traînée? Sans doute pas pour le joueur – le fait de savoir *pourquoi* ce lancer est imprévisible ne l'aidera en aucune façon à mieux frapper la balle. Mais cela devrait être important pour l'amateur, car la balle papillon est sûrement le plus beau de tous les phénomènes bizarres du base-ball. Alors que les autres lancers ne font qu'obéir aux simples forces qui s'exercent sur une sphère en rotation, la balle papillon fuit le courant principal de l'aérodynamique et exploite les zones limitrophes, là où se rencontrent des comportements étranges et exotiques. Les dures tombantes et les méchantes courbes sont des lancers qu'aurait compris et appréciés Benjamin Robins. Mais même lui, comme des milliers de frappeurs frustrés, aurait pu avoir beaucoup de difficultés à comprendre la balle papillon.

POUR EN SAVOIR DAVANTAGE

Paradoxalement, le problème, avec la science de tous les jours, c'est que les articles qui portent sur ces phénomènes courants sont publiés dans des revues scientifiques qui sont tout sauf de lecture courante. Voici pourtant quelques-uns des ouvrages disponibles sur des sujets de science courante.

The Flying Circus of Physics with Answers (Jearl Walker, John Wiley and Sons, 1977). Jearl Walker a peut-être mérité une réputation de prince bouffon de la physique, à la suite de son numéro de scène et de ses sketches satiriques à l'émission *Quirks and Quarks*, mais cet ouvrage contient plus de renseignements, tous bien documentés, que n'importe quel livre du même genre sur le marché.

Sport Science (Peter J. Brancazio, Simon and Schuster, 1984). Un livre strictement sur la physique des sports. Les mordus du sport jugeront peut-être qu'il contient trop de physique, et c'est le seul ouvrage du genre.

Newton at the Bat (Eric Schrier et William Allman, éd., Charles Scribner's Sons, 1984). Cet ouvrage porte sur la science des sports en général, pas seulement sur la physique, mais va beaucoup moins en profondeur que le livre de Brancazio.

Le langage de la langue

Voilà un domaine de recherche fascinant, mais pour lequel il n'existe que très peu de documentation. Le meilleur article, si vous pouvez mettre la main dessus, est :

« Tongue-Showing: A Facial Display of Humans and Other Primate Species », de W. John Smith, Julia Chase et Anna Katz Leiblich, dans *Semiotica,* vol. 11, n° 3, 1974, p. 201-246.

Telling Lies: Clues to Deceit in the Marketplace, Politics and Marriage (Paul Ekman, W.W. Norton and Co., 1985). Ce livre n'a rien à voir avec le fait de montrer la langue mais, si vous vous intéressez aux subtilités du langage facial, lisez-le.

Roadrunner l'emporte encore

The American Animated Cartoon: A Critical Anthology (Danny et Gerald Peary, éd., Clarke, Irwin, 1980). Le chapitre intitulé « Meep-Meep » vous apprend tout ce que vous devez savoir sur le rapide coucou et le « rusé » coyote. Mais, pour vraiment sentir la physique des dessins animés, le mieux est de regarder le film video *The Bugs Bunny Roadrunner Movie*.

« Intuitive Physics » (Michael McCloskey, dans *Scientific American*, vol. 248, nº 4, avril 1983, p. 122-130). McCloskey y fait part de ses expériences qui montrent que plusieurs d'entre nous ont une compréhension médiévale du mouvement des objets.

« Quand la Lune, comme une grosse pizza… »

Il y a encore tellement de controverse entourant l'illusion de la Lune qu'un livre entier, plein de théories rivales, va être publié sur le sujet. Aucun article ne couvre tous les points de vue, mais « The Moon Illusion » (Lloyd Kaufman et Irvin Rock, dans *Scientific American*, vol. 207, nº 1, juillet 1962, p. 120-130) est à conseiller pour ce qui est de la théorie de la distance apparente.

Son et images dans une tasse de café

« The Amateur Scientist » (Jearl Walker, dans *Scientific American*, vol. 237, nº 5, novembre 1977, p. 152-160). Jearl s'intéresse à la physique tant du thé que du café, mais je me méfierais de ses conclusions quant à la vitesse de refroidissement du café, avec et sans crème, ces données ayant été révisées depuis.

« Observations on an Early Morning Cup of Coffee » (Vincent Schaefer, dans *American Scientist*, vol. 59, septembre-octobre 1971, p. 534-535). Il s'agit de l'article original faisant état de l'apparition de cellules de convection à la surface d'une tasse de café chaud.

« The Coffee Cup Illusion » (John Senders, dans *American Journal of Psychology,* vol. 79, 1966, p. 143-145). Je n'ai fait aucune allusion à l'illusion de la tasse de café, dans ce chapitre, mais ça mérite d'être essayé. Si vous regardez dans une tasse de café noir, éclairée d'une seule lumière, directement au-dessus, vous verrez une image de cette lumière réfléchie à la surface du café. Placez votre tête de manière à ce que l'image remplisse la tasse, puis rapprochez soudainement votre tête. La lumière semble se rétrécir et s'éloigner de façon spectaculaire, plutôt que de grossir, comme on pourrait s'y attendre. Apparemment, l'image de la lumière dans votre œil grossit effectivement un peu, quand vous vous approchez la tête, mais l'image de la tasse grossit beaucoup plus, proportionnellement. Votre cerveau, qui sait que la tasse ne peut avoir grossi, résout le problème en supposant que la lumière a rétréci.

Accoudoir et guerre des sexes

« Sex and the Single Armrest: Use of Personal Space during Air Travel » (Dorothy Hai, Zahid Khairullah et Nancy Coulmas, dans *Psychological Reports*, vol. 51, 1982, p. 743-749). Il s'agit évidemment de l'article où est décrite la bataille pour la possession de l'accoudoir, en classe économique, dans les avions.

Personal Space (Robert Sommer, Prentice-Hall Inc., 1969). Cet ouvrage couvre de long en large les sujets de l'espace personnel et du territoire, abordant, en plus de l'espace personnel et de son invasion, les particularités de la distribution de l'espace dans des environnements précis, y compris dans les tavernes d'Edmonton du milieu des années 60. Quiconque a, comme moi, fréquenté ces lieux, à l'époque, ne pourra faire autrement qu'être d'accord avec Sommer quand il note (p. 129): «... le comportement souvent décrit de la bière qu'on sirote indéfiniment est extrêmement rare dans le bar à bière d'Edmonton».

Body Language (Julius Fast, Pocket Books, 1970). Les scientifiques ont peut-être des frissons à la vue de tels livres de «psychologie populaire», mais les chapitres 3 et 4 contiennent des anecdotes intéressantes sur l'espace personnel.

Deux bonnes raisons de prendre son bain

«Bath-Tub Vortex» (Ascher Shapiro, dans *Nature*, vol. 196, n° 4859, décembre 1962, p. 1080-1081).

«The Bath-Tub Vortex in the Southern Hemisphere» (Trefethen *et al.*, dans *Nature*, vol. 207, n° 5001, septembre 1965, p. 1084-1085).

L'article de Shapiro décrit l'expérience originale, celui de Trefethen, sa réplique australienne.

«The Coriolis Effect» (James McDonald, dans *Scientific American*, vol. 186, n° 5, mai 1952, p. 72-78). Cette description de la force de Coriolis n'est pas mauvaise du tout, ayant été écrite alors que la revue *Scientific American* était encore compréhensible.

Des oiseaux de gouttière

« The Great Sparrow War » (Joseph Kastner, dans *Smithsonian*, vol. 17, nº 8, novembre 1986). Cet article rapporte en détail la polémique entourant l'introduction aux États-Unis du moineau domestique.

Birds of Canada (P.A. Taverner, Musson, 1945, p. 366-368). On ne trouve plus ce livre que dans les bibliothèques ou les librairies d'occasion. Le chapitre sur le moineau domestique vaut la peine d'être lu pour avoir une idée de la haine non déguisée de Taverner envers ce pauvre oiseau.

« Birds of a Feather » (Chris Barnard, dans *New Scientist*, vol. 83, nº 1172, 13 septembre 1979, p. 818-820). C'est là le seul article populaire qui contienne une recherche sur le comportement des moineaux en bandes. Pour le reste, il faut malheureusement encore s'en remettre à des revues scientifiques ésotériques.

Un cocktail de conversations

« On the Acoustics of Cocktail Parties » (William R. MacLean, dans *Journal of the Acoustical Society of America*, vol. 31, nº 1, janvier 1959, p. 79-80).

Stylo à bille et dé à coudre

The Life of the Bee (Maurice Maeterlinck, George Allen & Unwin, 1922). Maeterlinck voyait dans les abeilles une version miniaturisée de la société humaine et, même si son langage est quelque peu suranné, il formule plusieurs des questions que se posent encore les scientifiques aujourd'hui au sujet de l'intelligence des abeilles.

The Dance Language and Orientation of Bees (Karl von Frisch, Harvard University Press, 1967). Une bonne partie de la recherche sur la danse des abeilles a d'abord été publiée en allemand. Von Frisch, dans cet ouvrage, rapporte ces expériences en anglais, ce qui constitue déjà une raison suffisante pour qu'on y jette un coup d'œil. Mais le livre vaut de toute façon la peine d'être lu, car c'est l'ouvrage classique sur le comportement des abeilles.

The Biology of the Honey Bee (Mark Winston, Harvard University Press, 1987). Ce livre vous en apprendra peut-être plus que vous n'aurez jamais besoin d'en savoir au sujet des abeilles mais il est nouveau et couvre tous les aspects de la vie des abeilles.

« Do Honeybees Know What They're Doing? » (James Gould, dans *Natural History,* vol. 88, n° 6, juin-juillet 1979, p. 66-75). Bien qu'il précède certains travaux qui suggèrent que les abeilles ont leur propre carte géographique dans le cerveau, cet article couvre quand même beaucoup de terrain.

Le big bang sur le câble

Il y a trop d'ouvrages populaires d'astronomie faisant référence au rayonnement cosmique ambiant pour les citer tous. Aussi, je me contente de n'en mentionner qu'un, lequel, même s'il date un peu et apparaît dense, demeure le meilleur :

The First Three Minutes (Steven Weinberg, Basic Books, 1977, chapitre 3, p. 44-77).

Je pense, donc je cligne

« What's behind Blinking » (John Stern, dans *The Sciences*, vol. 28, novembre-décembre 1988, p. 42-44). Au moment où il a été écrit, cet article constituait le seul compte rendu populaire faisant état de la recherche courante sur le clignement d'yeux.

« The Endogenous Eyeblink » (Stern, Walrath et Goldstein, dans *Psychophysiology*, vol. 21, nº 1, janvier 1984, p. 22-23). C'est là le meilleur compte rendu de la recherche moderne sur le clignement. Mais, attention, il est farci de jargon.

« On the Act of Blinking » (Eric Ponder et W.P. Kennedy, dans *The Quarterly Journal of Experimental Physiology*, vol. 18, 1927, p. 89-110). Il s'agit de cet article où l'on comparait les taux de clignement chez les femmes et les hommes dans les tramways et les librairies. Il est difficile à trouver, mais relativement facile à lire. Tout de suite après, dans cette revue, un autre article étudie les taux de clignement chez différentes espèces animales.

Une bouffée d'asperges

Tous les articles scientifiques et médicaux sur ce phénomène sont passablement techniques, mais on peut citer les deux plus récents :

« A Polymorphism of the Ability to Smell Urinary Metabolites of Asparagus » (Lison *et al.*, dans *British Medical Journal*, vol. 281, 20-27 décembre 1980, p. 1676-1678).

« Odorous Urine Following Asparagus Ingestion in Man » (Mitchell *et al.*, dans *Experientia*, vol. 43, 1987, p. 382-383).

Et puis, pour vous remémorer le grand personnage qu'était Babe Ruth, vous pourriez lire :

Babe: The Legend Comes to Life (Robert W. Creamer, Simon and Schuster, 1974).

La science de la marche

« The Antiquity of Human Walking » (John Napier, dans *Scientific American*, vol. 216, n° 4, avril 1967). L'indication la plus ancienne que nous ayons de la marche à la verticale est maintenant antérieure de deux millions d'années à celle qui est citée dans cet ouvrage, mais il s'agit quand même d'une bonne étude des mécanismes de la marche.

« Evolution of Human Walking » (Owen Lovejoy, dans *Scientific American*, vol. 259, n° 5, novembre 1988, p. 118-125). Cet article montre bien le chemin parcouru par la pensée scientifique, sur les origines de la marche, depuis la parution de l'article de Napier, il y a vingt ans.

« Human Locomotion » (Adrienne Zihlman et Douglas Cramer, dans *Natural History*, vol. 85, n° 1, janvier 1976).

L'essaim

Life on a Little-known Planet (Howard Ensign Evans, University of Chicago Press, 1984). D'abord écrit en 1968, ce livre est encore le meilleur ouvrage non technique que je connaisse sur les insectes. Le chapitre 8, « Paean to a Volant Voluptuary: The Fly », contient quelques merveilleuses descriptions d'essaims.

The Natural History of Flies (Harold Oldroyd, Weidenfeld and Nicolson, 1964). Il s'agit d'un ouvrage beaucoup plus technique que celui d'Evans, mais le chapitre 20, « Swarms of Flies », constitue une bonne lecture.

L'ours en peluche et l'évolution

« The Evolution of the Teddy Bear » (Robert Hinde et L.A. Barden, dans *Animal Behaviour*, vol. 33, n° 4, 1985).

« Mickey Mouse Meets Konrad Lorenz » (Stephen Jay Gould, dans *Natural History*, vol. 88, n° 5, mai 1979,

p. 30-36). Cet article fut repris dans *The Panda's Thumb* (Stephen Jay Gould, McLeod, 1980).

Les visages de la mémoire

« Fifty Years of Memory for Names and Faces: A Cross-Sectional Approach » (Bahrick *et al.*, dans *Journal of Experimental Psychology: General*, vol. 104, n° 1, 1975, p. 54-75). Tous les articles sur la mémoire des visages mentionnent cette expérience classique de l'annuaire.

« What's in a Face » (Shannon Brownlee, dans *Discover*, vol. 6, février 1985, p. 39-51).

« Face » (C. Rubinstein, dans *Psychology Today*, vol. 17, janvier 1983, p. 48-55).

Si vous voulez sérieusement en apprendre davantage sur la reconnaissance des visages, lisez le chapitre 7 de l'ouvrage suivant :

Eyewitness Testimony (Elizabeth Loftus, Harvard University Press, 1979).

L'alphabet sur le bout des ailes

« Formation Flight of Birds » (P.B.S. Lissaman et Carl Shollenberger, dans *Science*, vol. 168, 1970, p. 1003-1005). Il s'agit de l'article qui est à l'origine de la récente vague d'intérêt pour le V de la bernache du Canada.

« Precision and Dynamics of Positioning by Canada Geese Flying in Formation » (F. Reed Hainsworth, dans *Journal of Experimental Biology*, vol. 128, 1987, p. 445-

462). Cet article s'arrête sur l'importance de la distance entre le bout des ailes, plutôt que sur l'angle du V.

Psychologie de toilettes

« Personal Space Invasions in the Lavatory: Suggestive Evidence for Arousal » (Middlemist, Knowles et Matter, dans *Journal of Personality and Social Psychology,* vol. 33, n° 5, 1976, p. 541-546). Il s'agit du célèbre article sur l'expérience du « périscope ».

« Effects of an Observer on Conformity to Handwashing Norm » (Pedersen, Keithly et Brady, dans *Perceptual and Motor Skills*, vol. 62, 1986, p. 169-170). C'est l'expérience du lavage de mains.

« Androstenol, A Putative Human Pheromone, Affects Human (Homo Sapiens) Male Choice Performance » (Andrew Gustavson, Michael Dawson et Douglas Bonett, dans *Journal of Comparative Psychology,* vol. 101, n° 2, 1987, p. 210-212). C'est cet article qui montre que les hommes semblent éviter les cabines dont la porte est dotée d'un carré de plastique imprégné d'androsténol.

« Meanwhile Backstage » (Spencer Cahill *et al.*, dans *Urban Life*, vol. 14, n° 1, avril 1985, p. 33-58). Le manque d'articles facilement accessibles sur le comportement dans les toilettes est frustrant, mais celui-ci, si vous pouvez le trouver, constitue une bonne lecture. On y décrit les « rituels interpersonnels et les comportements de "coulisses" » des personnes fréquentant les toilettes publiques, entre autres ce comportement bien connu des hommes qui évitent de se regarder lorsqu'ils occupent des urinoirs voisins.

Science de placard

« The Electric Lifesaver Effect » (Janet Raloff, dans *Science News*, vol. 134, 30 juillet 1988, p. 78-79). À part de brèves remarques sur cet effet dans des livres tels que *Flying Circus of Physics*, de Jearl Walker, il s'agit là du seul article effectivement consacré à ce phénomène.

Le courrier du ciel

Il existe de nombreux ouvrages sur le temps, comprenant des chapitres sur la neige et les tempêtes, mais deux articles et un livre, entre autres, sont à lire :

« Snow Crystals » (Charles et Nancy Knight, dans *Scientific American*, vol. 228, nº 1, janvier 1973, p. 100-107).

« No Two Alike? » (Nancy Knight, dans *Bulletin of the American Meteorological Society*, vol. 69, nº 5, mai 1988, p. 496). Si vous pouvez mettre la main sur cette revue, regardez la photo des deux flocons « identiques ». Il s'agit peut-être là d'un événement scientifique historique.

The Six-Cornered Snowflake (Johannes Kepler, Clarendon Press, 1966). D'abord publié en 1611, cet ouvrage mêle la science, la philosophie et un soupçon de mysticisme, mais il vous donne bien un aperçu de la pensée de l'un des plus grands hommes de science de l'histoire.

Fort comme une plume

« Feathers of Archaeopteryx: Asymmetric Vanes Indicate Aerodynamic Function » (Alan Feduccia et Harrison Tordoff, dans *Science*, vol. 203, mars 1979, p. 1021-1022). Dans ce très court article, les deux scientifiques soulignent l'évidence : les plumes de l'archéoptéryx semblent adaptées au vol. Pour le reste, presque toute cette recherche est publiée dans des revues spécialisées, mais on trouve un chapitre intéressant sur l'archéoptéryx dans :

The Hot-Blooded Dinosaurs (Adrian Desmond, Warner Books, 1977, chapitre 6).

Un chapitre à vous faire bâiller

« Yawning as a Stereotyped Action Pattern and Releasing Stimulus » (Robert Provine, dans *Ethology*, vol. 72, 1986, p. 109-122). Robert Provine est à peu près le seul chercheur à s'intéresser activement au bâillement humain en ce moment, et tous ses articles à ce jour ont été publiés dans d'obscures revues scientifiques. Celui-ci constitue le meilleur compte rendu de la recherche sur le bâillement au fil des ans.

« Yawning to Breathe Free? » (Paul McCarthy, dans *Psychology Today*, février 1987, p. 9-10). Un compte rendu en langage courant de l'article précédent.

À boire debout

Je vous préviens, les articles suivants sont destinés aux mordus de mathématiques, mais ce sont les seules sources sur le sujet.

« An Optimal Speed for Traversing a Constant Rain » (S.A. Stern, dans *American Journal of Physics*, vol. 51, nº 9, septembre 1983). Même les quelques physiciens que j'ai consultés trouvent difficile de passer à travers cet article.

« Walking in the Rain » (Michael Deakin, dans *Mathematics Magazine*, vol. 45, novembre-décembre 1972, p. 246-253). Cet article arrive à la conclusion que vous pouvez vous mouiller quatre fois plus que nécessaire, si vous n'adoptez pas la bonne stratégie pour traverser la pluie en marchant ou en courant.

« Is It Really Worth Running in the Rain? » (Alessandro De Angelis, dans *European Journal of Physics*, vol. 8, 1987, p. 201-202). Tout le message de cet article se trouve résumé dans la dernière phrase : « En courant plus vite, vous vous mouillez moins, mais le bénéfice… ne justifie pas l'effort supplémentaire. »

Envoie la balle !

New Principles of Gunnery (Benjamin Robins, Londres, 1742). Vous ne trouverez sans doute pas ce livre à votre bibliothèque, mais il se trouve à la bibliothèque du Musée national de la guerre à Ottawa. L'ouvrage porte en sous-titre « An Investigation of the

Difference in the Resisting Power of the Air to Swift and Slow Motions » – les origines de la science du base-ball.

« Aerodynamics of a Knuckleball » (Robert Watts et Eric Sawyer, dans *American Journal of Physics*, vol. 43, nº 11, novembre 1975, p. 960-963). Il s'agit du premier article publié sur la balle papillon.

« What Makes a Knuckleball Dance » (William F. Allman, dans *Newton at the Bat*, Schrier et Allman, éd., Charles Scribner's Sons, 1984).